Jörg Koch

FERDINAND VON ZEPPELIN UND SEINE LUFTSCHIFFE

ARES VERLAG

Jörg Koch

Ferdinand von Zeppelin und seine Luftschiffe

ARES VERLAG

Danksagung: Mein aufrichtiger Dank gilt dem Verleger, Herrn Mag. Wolfgang Dvorak-Stocker, sowie dem zuständigen Lektor, Herrn Mag. Michael Hummel, für die konstruktive und erfreuliche Zusammenarbeit, Herrn Dr. Bernd Braun für die ideelle und praktische Unterstützung sowie allen jenen hilfreichen Personen, die Bildmaterial zur Verfügung gestellt haben.

Umschlaggestaltung: DSR – Werbeagentur Rypka, A-8143 Dobl, www.rypka.at
Umschlagabb. Vorderseite: Fahrt der Reichstags- und Bundestagsmitglieder im LZ 6 (Z III) über Lindau am 4. September 1909 (Gemälde von Michael Zeno Diemer [1867–1939], entnommen aus: Hans Hildebrandt: „Zeppelin-Denkmal für das deutsche Volk", Stuttgart 1925)
Umschlagabb. Rückseite oben: Eine 13 m hohe Bronzesäule erinnert seit 1985 in Friedrichshafen an Zeppelin und die Bedeutung der Luftschiffe für die Bodenseeregion (Archiv des Autors)
Bildleiste v. lks. n. rechts: Zeppelin als Leutnant (1858) (aus: Hildebrandt, Hans: „Zeppelin-Denkmal für das deutsche Volk", Stuttgart 1925); Werbeplakat der Deutschen Luftschiffahrts-Aktiengesellschaft (DELAG) (1912, Archiv des Autors); Luftschiff SL 8 überfliegt das Schlachtschiff SMS Großer Kurfürst (Bundesarchiv, Bild 146-1971-017-32 / CC-BY-SA 3.0-DE); Bild-Buch von Max Geysenheyner über die „Weltfahrt" von LZ 127 „Graf Zeppelin" im Jahre 1929 (Stadtbibliothek Worms); Faltblatt der Stadt Friedrichshafen, auf dem sich die Stadt als „Zeppelinstadt" bezeichnet (1934, Archiv des Autors)
Abb. Innenteil: siehe Seite 194

Bibliographische Information der Deutschen Nationalbibliothek
Die Deutsche Nationalbibliothek verzeichnet diese Publikation in der Deutschen Nationalbibliographie; detaillierte bibliographische Daten sind im Internet unter http://dnb.d-nb.de abrufbar.

Hinweis: Dieses Buch wurde auf chlorfrei gebleichtem Papier gedruckt. Die zum Schutz vor Verschmutzung verwendete Einschweißfolie ist aus Polyethylen chlor- und schwefelfrei hergestellt. Diese umweltfreundliche Folie verhält sich grundwasserneutral, ist voll recyclingfähig und verbrennt in Müllverbrennungsanlagen völlig ungiftig.

Auf Wunsch senden wir Ihnen gerne kostenlos unser Verlagsverzeichnis zu:

ARES Verlag
Hofgasse 5 / Postfach 189
A-8011 Graz
Tel.: +43 (0)316/82 16 36
Fax.: +43 (0)316/83 56 12
E-Mail: ares-verlag@ares-verlag.com

Weitere Informationen finden Sie im Internet unter:
www.ares-verlag.com

ISBN 978-3-902732-68-2

Layout: Ecotext-Verlag, Mag. Schneeweiß-Arnoldstein, A-1010 Wien
Druck: FINIDR, s. r. o., Český Těšín

Inhalt

„‚Gehört der Zeppelin zur Schweiz oder zu Deutschland?‘ fragte mein Bub.

‚Zu Deutschland!‘

‚O-o!‘ sagte ich, ‚es ist schade für uns. Aber weißt du, Zeppelin gehört der ganzen Welt.‘

‚Warum?‘

‚Weil er aller Welt zeigte, wie man's machen muß, wenn man zum Ziele kommen will.‘

[...]

‚Gelt‘, sagte [mein Bub], ‚das war nett vom Zeppelin, daß er zuallererst in die Schweiz gekommen ist?‘

‚Ja, das ist nett von ihm, und wir wollen ihm zum Dank uns auch immer wieder sagen, daß das Ja, der Glaube, eben doch das letzte Wort behalten muß. Denn das hast du doch der Welt zeigen wollen mit deinem Werk, nicht wahr, Zeppelin?‘“

(Dialog entnommen aus Rüdiger Hause: Grenzflüge. Politische Symbolik der Luftfahrt vor dem Ersten Weltkrieg. Das Beispiel Aachen, Köln – Weimar – Wien 2007, S. 209. Der Dialog entstammt der Anekdotensammlung der „Neuen Zürcher Zeitung“ vom 7. Juli 1908. Hintergrund ist der Jungfernflug von LZ 4 am 20. Juni 1908 am Bodensee, der auch in die Schweiz führte und deshalb als „Schweizerfahrt“ bezeichnet wird. Diese Fahrt beseitigte bis dahin vorhandene Zweifel hinsichtlich der Güte des von Zeppelin vertretenen „starren Systems“ im Luftschiffbau.)

1. Einleitung

Im Frühjahr 1917 herrschte Krieg und die Tageszeitungen, damals das Medium der Nachrichtenübermittlung, berichteten vornehmlich über militärische Ereignisse. Eine Meldung aber ließ für einen Augenblick den Krieg in den Hintergrund treten: Es war die Nachricht vom Tode Ferdinand Graf von Zeppelins, der am 8. März 1917 in Berlin verstorben war. Die offizielle Kriegschronik für diesen Zeitraum lautet nüchtern:

> Graf Zeppelin erlag vormittags 11 ¾ Uhr im Westsanatorium zu Charlottenburg, wo er sich einer glücklich verlaufenen Darmoperation unterzogen hatte, einer rasch und schwer auftretenden Lungenentzündung.[1]

Ausführlich dagegen waren die Nachrufe der deutschsprachigen Presse. Und Kaiser Wilhelm II., der den „verrückten Grafen vom Bodensee“ einst „von all den Süddeutschen den Dümmsten“ genannt hatte, sandte an Isabella von Zeppelin, Witwe des Verstorbenen, folgendes Beileidtelegramm:

Kaiser Wilhelm II. und Graf Zeppelin (r.) bei einer Begegnung im November 1908

> Mit tiefer Betrübnis erfahre ich soeben das Ableben Ihres Gatten, des Generals der Kavallerie Grafen von Zeppelin. Wie ich persönlich das Hinscheiden dieses mit seltenen Gaben des Geistes und des Herzens ausgezeichneten Mannes auf das Schmerzlichste empfinde, so steht mit Mir das ganze deutsche Volk trauernd an der Bahre eines der größten Söhne des Vaterlandes. In zähem, unermüdlichem Ringen um die Beherrschung der Luft durfte er Erfolge erleben, die seinen Namen weit über die Grenzen des Reiches auf dem ganzen Erdball unvergesslich gemacht haben. Mitten in diesem gewaltigen Kriege abberufen, an dem er so tatkräftig und so erfolgreich zur Bekämpfung der Feinde mitwirken konnte, ist es ihm leider nicht mehr vergönnt, an dem Endkampf persönlich teilzunehmen. Sein Werk wird aber von der Armee

> und der Marine in seinem Geiste fortgeführt werden. Der Allmächtige tröste Sie und die Ihrigen in dem großen Schmerz um den Heimgegangenen, dessen Ruhm unvergänglich ist, dessen Andenken mir stets hoch und teuer bleiben wird.[2]

Schon seit Jahren galt Zeppelin als „ausgezeichneter Mann“, Wilhelm II. hatte ihn ein paar Wochen nach dessen öffentlichkeitswirksamen Langstreckenfahrten gar als den „größten Deutschen des Jahrhunderts“ bezeichnet. Diese Einschätzung, die sich aufs 20. Jahrhundert bezog, mag zwar übertrieben sein, doch ist Zeppelin in einem Atemzug mit den großen Erfindern und Unternehmern des 19. Jahrhunderts zu nennen. Und wie diese kann auch er nur in dem größeren Zusammenhang des naturwissenschaftlich-technischen Fortschritts der Gründerzeit und des frühen 20. Jahrhunderts gewürdigt werden. Infolge der preußischen Reformen im ersten Drittel des 19. Jahrhunderts wurde die Forschung institutionalisiert, insbesondere an der Universität Berlin, die eine Vorbildfunktion für andere Universitäten hatte. Die Vermehrung der Disziplinen und damit die Spezialisierung der Wissenschaften waren eine Voraussetzung für die moderne Welt, in der Graf Zeppelin aufwuchs. Die Etablierung der Technischen Hochschulen (Karlsruhe, München, Hannover, Darmstadt, Stuttgart, Aachen) und deren Gleichstellung zu den traditionellen Universitäten führten stetig zur Wertschätzung des Fortschritts, die schließlich in der Verleihung von Nobelpreisen vor allem an die Leistungsträger aus Physik, Chemie und Medizin in den ersten Jahren des 20. Jahrhunderts gipfelte. Naturwissenschaftliche Forschung zog nun in die Fabriklabors ein. Damit wurden die Produktionsverfahren und die Produkte mit Hilfe von wissenschaftlichen Methoden und Ansätzen entwickelt und immer weiter verbessert. Dieses methodische Vorgehen wurde zum Antrieb für einen breitgefächerten Erkenntnisfortschritt. Den politischen und wirtschaftlichen Rahmen, in dem auch Graf Zeppelin agieren und seine Entwicklung vorantreiben konnte, stellte jedoch die Reichsgründung von 1871 und die damit verbundenen Reparationszahlungen aus Frankreich dar.

Zu den Wegbereitern der Hochindustrialisierung Deutschlands gehören August Borsig (1804–1854) und Alfred Krupp (1812–1887); dank ihrer Stahlproduktion entwickelte sich Deutschland zu einem Land der Eisenbahn und damit zu einer „mobilen Nation“. Als Graf Zeppelin 1838 geboren wurde, umfasste das Streckennetz im Deutschen Bund rund 500 km, als er 1917 verstarb, verfügte das Deutsche Reich über mehr als 58.000 km. Wie Zeppelin haben auch die Unternehmer Werner Siemens (1816–1892), Gottlieb Daimler (1834–1900), Emil Rathenau (1838–1915), August Thyssen (1842–1926), Carl Benz (1844–1929), Wilhelm Maybach

(1846–1929), Rudolf Diesel (1858–1913), Robert Bosch (1861–1942) oder Hugo Stinnes (1870–1924) mit Pioniergeist, Ausdauer und Risikobereitschaft neue Horizonte erschlossen und Deutschland zu einer führenden Industrienation werden lassen.

Diese Unternehmer stehen beispielhaft dafür, wie eng Großbetriebe, Wissenschaft, Forschung und Politik in Deutschland zwischen der Mitte des 19. Jahrhunderts und dem Ausbruch des Ersten Weltkrieges (1914) verbunden waren – von diesen Verflechtungen profitierte auch Ferdinand Graf Zeppelin. Im Unterschied zu den genannten Unternehmern war er allerdings nicht nur ein Forscher, sondern auch ein Militär und aus adeliger Familie.

Auch 100 Jahre nach seinem Tod hat Zeppelin einen festen Platz in der deutschen Gedächtniskultur. Dank der von ihm konstruierten Luftschiffe, von denen zu seiner Zeit eine Faszination ausging, die noch immer anhält, hat sich der im Juli 1838 geborene Graf einen unsterblichen Platz im kollektiven Gedächtnis seiner Landsleute und darüber hinaus erobert. An ihn erinnern heute rund 660 Straßen in Deutschland, der Schweiz und Österreich. Dabei hätte ein Unglück im August 1908 beinahe das Ende der Luftschiff-Zeppeline bedeutet; es kam aber anders: Der Graf wurde zum umjubelten Nationalhelden.

Zahlreiche Straßen in ganz Deutschland erinnern an Graf Zeppelin (1838–1917): Straßenschild, in Ravensburg (oben) und in Limburg-Blumenrod.

Dieser Band bietet einen Überblick über Leben und Werk Zeppelins; er zeigt, dass der Graf bereits vor der Entwicklung seiner Luftschiffe ein bekannter Militär war, und blickt über die Blütezeit der Luftschifffahrt in den späten 1920er/30er Jahren sowie dem schrecklichen Ende des Luftschiffs „Hindenburg“ im Jahre 1937 bis in die Gegenwart und belegt, dass der Name Zeppelin noch heute allgegenwärtig ist.

Größtmögliche Authentizität gewähren zeitgenössische Presse- und Zeitzeugenberichte, die einen lebendigen Ausdruck einer allgemeinen „Zeppelinbegeisterung“ darstellen.

2. Biografischer Überblick

Ferdinand von Zeppelin, mit vollem Vornamen Ferdinand Adolf Heinrich August, wurde am 8. Juli 1838 auf der östlich der Altstadt von Konstanz gelegenen Dominikanerinsel im heutigen Steigenberger Inselhotel geboren. Sein Vater Friedrich (1807–1886), genannt Fritz, war zunächst Hofmarschall im Fürstentum Hohenzollern-Hechingen, dann im benachbarten Fürstentum Hohenzollern-Sigmaringen, bevor er Mitarbeiter im Unternehmen seines Schwiegervaters David Macaire wurde. Dieser Unternehmer, ursprünglich aus Genf stammend, war ein wohlhabender Baumwollfabrikant und Bankier mit Sitz in Konstanz, das einst zu Vorderösterreich gehört hatte und dann in der Napoleonischen Zeit an das Großherzogtum Baden fiel. Vom badischen Staat erwarb David Macaire 1813 das ehemalige Dominikanerkloster, das er zur Baumwollfärberei umbaute. Über dessen Tochter Amélie (1816–1852), die 1834 Friedrich von Zeppelin geheiratet hatte, kam die Familie Zeppelin zu einem Vermögen, von dem

Friedrich (Fritz) von Zeppelin (1807–1886), der Vater von Ferdinand

Amélie von Zeppelin (1816–1852), die Mutter von Ferdinand

STAMMTAFEL DER FAMILIE ZEPPELIN

Volrath Herr auf Appelhagen geb. 1620 25. Jan., † 1681 25. März, verm. 1644 17. Sept. mit Agnes von Blücher, † 1702 29. April

I. Alte Mecklenburgische Stammlinie

Johann, Dän. Oberst auf Appelhagen u. Miekow, geb. 1645 19. Sept., † 1720 12. Juli

1917 im Mannesstamm erloschen

II. Linie

Melchior Dietrich, Dän. Oberstleutnant, geb. 1649, gefallen bei Höchstädt 1704 13. Aug., verm. 1684 mit Elisabeth v. Oynhausen, geb. 1659, † nach 1716

Volrat Rabe, Großbrit. Major, geb. 1688, † 1734, verm. mit Sophia Kath. von Zepelin 1722, geb. 1693 8. März, † 1778 26. Okt.

Melchior Johann, Großbrit. Major, geb. 1727 März, † 1782 10. Okt. in Güstrow, verm. mit Friedricke Charl. v. Walsleben 1758 1. Dez., geb. 1737 14. Jan., † zu Dargun 1802 14. Juni

Württemb.-HolländerZweig
Volrat Gustav Fried. Württ. Landvogt u. Schloßhauptm. v. Mergentheim, geb. 1762 19. Aug., † 1824 10. Okt., verm. 1790 mit A. Lisette v. Witte, geb. 1770 1. Apr., † 1837 18. Juli zu Hagenbach
Nachkommen leben in Württemberg und Holland

Reichsgräflicher
Johann Karl Kgl. Württ. Staatsminist., Geh. Rat, Kaiserl. Russ. Major a. D., Reichsgraf 1792 18. Sept., geb. 1767 15. Okt., † 1801 14. Juni, verm. 1787 mit Cath. Freiin v. Dalwig, geb. 1770 12. Juni, † 1802 27. April
Nachkommen im Besitz von Aschhausen a. d. Jagst (Württemberg)

Mecklenburger
Christof Georg Herr auf Teutendorf, geb. 1768 25. Mai, † 1831 13. Juli, verm. 1790 mit Hedw. Charlotte v. Levetzow, geb. 1766 30. Juni, † Rostock
Nachkommen im Besitz von Clausdorf in Mecklenburg

Dänischer
Johann Hartwig Detlef Dän. Generalmajor, Herr auf Eckemosgaard, geb. 1769 26. Sept., † 1841 22. Aug., verm. 1815 mit Annette Kathar. Bong. geb. 1794, † 1853 23. April
Nachkommen leben in Dänemark

Preußischer
Constantin Gottlieb Lebrecht Kgl. Preuß. General, geb. 1771 11. April, † 1848 25. Dez. in Stettin, verm. 1804 mit Johanna v. Burghof, geb. 1783 3. Sept., † 1834 26. April
Nachkommen seit 1917 im Besitz der Stammgüter Appelhagen und Miekow

Jüngerer gräflicher Zweig
Ferdinand Ludwig Kgl. Württ. Staatsminister (Graf v. 1. Jan. 1806), geb. 1772 28. Nov., † 1829 21. Jan., verm. 1802 mit Pauline Freiin von Maucler, geb. 1785 17. Dez., † 1863 3. Nov.

- Friedrich Jerome Fürstl. Hof- u. Reg.-R. auf Girsberg u. Ebersb., geb. 1807 29. Nov., † 1886 25. März, verm. 1834 m. Amalia Macaire D'Hogguer, geb. 1816 10. Jan., † 1852 15. Mai
- Wilh. Aug. Ferdinand Kgl. Württemb. Hofmarschall, geb. 1811 2. Dez., † 1863 2. Dez., verm. 1844 mit Anna von PlantaReichmann, geb. 1821 24. Aug., † 1875 4. April
- Wilh. Paul Carl Oestr. Hauptm., geb. 1824 18. Aug., † 1910 30. März, verm. Mabella Knox geb. 1824 13. Jan., † 1887 11. Sept.

Ferdinand Adolf Aug., Kgl. Württ. Gen. d. Kavall., Dr. Ing. h. c., Ritter d. Schwarzen Adler-Ord., geb. 1838 d. 8. Juli, † 1917 d. 8. März, verm. mit Isabella Freiin v. Wolff 1869, geb. 1846 4. Mai, † 1922 2. Jan.

Helene Amalie Kar., geb. 1879 28. Nov., verm. 1909 mit Alex. Graf Brandenstein-Zeppelin

Stammtafel der Familie Zeppelin

(aus: Hans Hildebrandt: Zeppelin-Denkmal für das deutsche Volk, Stuttgart 1925)

Die Geburtsstätte Zeppelins – das heutige Steigenberger Inselhotel *in Konstanz, einst Dominikanerkloster, dann Baumwollfärberei der Familie Macaire*

Eine Gedenktafel aus dem Jahre 1933 an der Hotelfassade weist auf den Geburtsort Zeppelins hin.

später Ferdinand bei seinen kostspieligen Experimenten profitieren konnte. Der gesellschaftliche Aufstieg ging auf Ferdinands gleichnamigen Großvater zurück, der einem uralten mecklenburgisch-pommerschen Adelsgeschlecht entstammte. Noch heute erinnert die kleine, rund 450 Einwohner zählende Gemeinde Zepelin zwischen Bützow und Güstrow im Landkreis Rostock an den Herkunftsort der Familie.

Ortsschild Zepelin

Ein 1910 eingeweihtes Denkmal in Zepelin/Mecklenburg erinnert an die Herkunft der Vorfahren Graf Zeppelins.

Mit Heynricus de Cepelin ist die Familie erstmals urkundlich erwähnt. Am Ortsrand der beschaulichen Gemeinde, in Nähe des Bützow-Güstrow-Kanals, wurde bereits am 31. Mai 1910 ein Denkmal zu Ehren Zeppelins eingeweiht. Die Vorderseite der 3,5 m hohen Findlingspyramide enthält eine Bronzetafel mit der Inschrift: „Dem Grafen Ferdinand von Zeppelin an der Ursprungsstätte seines Geschlechts. 1286–1910".

Ferdinand von Zeppelin (1772–1829) war umfassend gebildet und wurde 1806 anlässlich der Ausrufung Württembergs zum Königreich in den Grafenstand erhoben, er hatte hohe Positionen inne und avancierte vom Rittmeister zum königlich-württembergischen Außenminister.

1840 übersiedelte Fritz von Zeppelin mit seiner Frau Amélie und den Kindern nach Schloss Girsberg bei Emmishofen, wo er sich als Landwirt betätigte. Das herrschaftliche Anwesen hatte für rund 120 Jahre bis zur Säkularisation dem oberschwäbischen Kloster Zwiefalten gehört, dann fiel es an Friedrich II. von Württemberg, der es 1803 an den Großvater von Amélie von Zeppelin verkaufte. Dort, am idyllischen Ufer des Bodensees,

Auf Schloss Girsberg bei Emmishofen/Schweiz verbrachte Zeppelin seine Jugendjahre.

Zeppelin als 14-Jähriger

wuchs der junge Ferdinand mit seiner älteren Schwester Eugenie und seinem jüngeren Bruder Eberhard auf. In der ehemaligen Gutsscheune, die inzwischen zur „Kulturscheune" umgebaut wurde, erinnert heute ein Gedächtniszimmer an Ferdinand von Zeppelin.

In dessen Jugenderinnerungen heißt es über diese unbeschwerten Jahre:

> Mein Vater lebte sich auf Girsberg ganz in die Landwirtschaft ein. Selbsttätig kümmerte er sich bis in das Kleinste in der Wirtschaft. Morgens um vier Uhr schon war er auf und sah nach allem. Seinen Grundsätzen und Neigungen, wie auch denen meiner Mutter entsprechend, war unser Leben sehr einfach. Während meine Großeltern in Konstanz auf einem ziemlich großen und vornehmen Fuße, weniger allerdings in Pracht, als in ausgesuchter Behaglichkeit, lebten, hielten wir uns z. B. nicht Wagen und Pferde. Erst später, als meine Mutter leidend wurde und den Weg nach Konstanz nicht mehr zu Fuß machen konnte, wurden solche angeschafft. Wir aßen nur das Schwarzbrot, das in der eigenen Wirtschaft gebacken wurde und nur ausnahmsweise, z. B. wenn Besuch kam, gab es weißes Brot …
>
> In allen Leibesübungen wurden wir, da wir uns in großer Freiheit in Garten, Feld und Wald und auf dem See bewegen durften, schon frühzeitig recht geschickt. Mit unserm Bergschlitten zogen wir im Winter bei jedem Wetter hinaus. Im Sommer badeten wir fleißig im Bodensee und ich war schon in jungen Jahren ein guter Schwimmer und vorzüglicher Taucher … Da wir keine Schule besuchten, sondern unsere eigenen Hauslehrer hatten, hielten wir wenig Umgang mit anderen Kindern.[3]

Ferdinand von Zeppelin auf einem Maskenball im Jahre 1858 …

… und seine Schwester Eugenie

Erzogen wurden die Kinder von Hauslehrern und einer Gouvernante. Nach dem frühen Tod der Mutter zog die Familie in die württembergische Residenzstadt Stuttgart, wo der zielstrebige Ferdinand im Haushalt des evangelischen Stadtdekans lebte und zunächst erfolgreich die Realschule abschloss, um dann die Polytechnische Schule zu besuchen. Ab Oktober 1855 wurde der junge Adlige auf der Königlich-Württembergischen Kriegsschule in Ludwigsburg auf die Offizierslaufbahn vorbereitet.

1858 zum Leutnant befördert, verließ er diese Kadettenanstalt und studierte an der traditionsreichen Universität Tübingen Staatswissenschaft, Maschinenbau und Chemie. Nach Dienstzeiten in Ulm und Ludwigsburg unternahm er, zwar befreit vom Truppendienst, doch im Auftrag des Generalquartiermeisterstabes, mehrmonatige Bildungsreisen durch Österreich, Italien und Frankreich. 1861 begegnete der sprachgewandte und parkettsichere Zeppelin auch Kaiser Napoleon III. Zwei Jahre später, inzwischen Oberleutnant, zog es den Abenteuerlustigen über Liverpool nach Nordamerika. In seinem Antrag auf Urlaub heißt es:

Zeppelin als Offiziersanwärter 1857 (links)

Zeppelin als Leutnant 1858

Zeppelin im Jahre 1862

> Ich halte es für meine Aufgabe ... um durch Reisen Erfahrungen zu sammeln und Kenntnisse zu erwerben, die ich vielleicht einmal für mein Vaterland verwerten könnte. Im gegenwärtigen Augenblicke dürfte in Nordamerika, trotz der ganz überworfenen Zustände, die reichste Beute zu machen sein. In der Organisation, in der Führung und Verpflegung der dortigen Armeen müssen, eben weil diese Dinge unter ganz ungünstigen und ganz neuen Verhältnissen geschehen, für den aufmerksamen Beobachter Wahrheiten zu finden sein, welche auch für uns Wert haben. Insbesondere in Beziehung auf die Ausbeutung der Technik für militärische Zwecke sind die Amerikaner erfinderisch. Von dem Gewinn, den eine solche Reise für die allgemeine Ausbildung haben muss, brauche ich nicht zu sprechen.[4]

In den USA herrschte seit 1861 Bürgerkrieg; die 23 Nordstaaten kämpften gegen die elf Südstaaten, die die Sklaverei beibehalten wollten. Zeppelin nahm in geheimer Mission als württembergischer Generalstabsoffizier auf Seiten der Armee der Nordstaaten an diesem Sezessionskrieg teil, vornehmlich als Beobachter. Ein Treffen mit Präsident Abraham Lincoln im Weißen Haus im Mai 1863, das dieser ihm als Kriegsberichterstatter gewährte, beeindruckte ihn tief:

Zeppelin (hintere Reihe rechts) mit Begleitern der Forschungsreise zum Quellgebiet des Mississippi (Sommer 1863)

> Durch Vermittlung des preußischen Gesandten gelang es mir sehr bald, eine Audienz beim Präsidenten Lincoln zu erhalten ... Da erhob sich hinter dem Schreibtische eine sehr große, hagere Gestalt mit großem Kopfe und langem, ungepflegtem Haar und Bart, mit auffallend scharf hervortretenden Backenknochen, aber klugen und freundlich blickenden Augen ... Der Präsident sprach seine lebhafte Befriedigung über mein Kommen und meine Zwecke aus und wünschte mir guten Erfolg für meine Studien. Bevor mir die Audienz gewährt wurde, hatte der Präsident angeordnet, Erkundigungen über mich einzuziehen ..., worin er fragt, ob die über mich eingezogenen Erkundigungen die Gewährung meiner Bitte um einen Paß zur Armee gestatten würden. Diesen Paß, der mir volle Bewegungsfreiheit unter den Armeen der Nordstaaten gab, erhielt ich denn auch.[5]

Ferdinand und Isabella von Zeppelin (linkes Bild sowie rechtes Bild am offenen Fenster) auf Schloss Girsberg 1869 mit Eugenie (stehend an Hausfassade), Eberhard (links) und Vater Fritz (rechts)

Zu seinen weiteren Erlebnissen in der Neuen Welt gehörte die heldenmütige Beteiligung an einer Expedition zum Quellgebiet des Mississippi. Während dieser Reise lernte er den militärischen Einsatz von Ballonen kennen, aber auch deren Defizite, da sie nicht lenkbar und von der jeweiligen Windrichtung abhängig waren. Fern der Heimat, stieg er bei Saint Paul im Bundesstaat Minnesota erstmals mit einem Fesselballon in die Höhe; für den jungen Offizier war es ein prägendes Erlebnis. Nach seiner Rückkehr nach Württemberg im Herbst 1863 ging Zeppelin erneut zum Militär, zwei Jahre später wurde er zum Adjutant des württembergischen Königs Karl ernannt.

Am Deutsch-Deutschen Krieg 1866 nahm er im Range eines Hauptmanns als Stabsoffizier teil. Begeistert von Bismarcks Machtpolitik, ließ er sich 1868 als Abgeordneter des württembergischen Militärs an den Großen Generalstab nach Berlin versetzen. Dort heiratete er im August des folgenden Jahres Isabella von Wolff, eine Baroness aus Livland, die er auf einer Abendgesellschaft in Stuttgart 1866 kennengelernt hatte. Ihr Vater, der auf Schloss Schwanenberg (heute Lettland) residierte, war ein wohlhabender Grundherr mit über 70.000 Hektar Land, die sich auf mehrere Güter verteilten. Da Isabella, deren Vater bereits früh verstorben war, Ende des 19. Jahrhunderts durch den Tod ihrer Stiefbrüder und den Tod ihres älteren Bruders Alleinerbin des Riesenvermögens wurde, konnte sie ihrem Mann die finanziellen Mittel für dessen Luftfahrtprojekte zur Verfügung stellen.

Zeppelin als Adjutant des württembergischen Königs Karl im Jahre 1865

Gefecht eines von Zeppelin befehligten 12-köpfigen Reitertrupps mit französischer Kavallerie-Patrouille bei Trimbach im Elsass am 24. Juli 1870. Zeppelin, dessen Erkundungsritt hinter die feindlichen Linien (sog. Schirlenhofritt) später immer wieder gerühmt wurde, war letztlich der Einzige, der mit viel Glück von diesem Ritt zurückkehrte; seine Untergebenen gerieten entweder in Kriegsgefangenschaft oder fielen. (Postkarte 3 einer insgesamt 12 Postkarten umfassenden Serie, die um 1910 von einem Münchner Verlag publiziert wurde.)

3. Zeppelin – Held des Deutsch-Französischen Krieges und der Lüfte

Schon etliche Jahre bevor Zeppelin mit der Luftschifffahrt in Verbindung gebracht wurde, war vielen Deutschen sein Name bekannt: Über die Lesebücher, die Ende des 19. Jahrhunderts erschienen, wurde jedem Kind vom Heldenmut des Grafen Zeppelins berichtet. So ist in dem 1897 veröffentlichten „Deutschen Lesebuch für Realschulen und verwandte Lehranstalten“ innerhalb des Kapitels „Aus dem Leben und der Zeit Kaiser Wilhelm I.“ unter der Überschrift „Heldenmut deutscher Reiter im deutsch-französischen Kriege“ auch ein Auszug aus Theodor Fontanes Erzählung „Der Krieg gegen Frankreich 1870/71“ abgedruckt:

> Am 23. Juli 1870 abends wurde dem württembergischen Hauptmann Grafen Zeppelin vom Chef des badischen Generalstabes Oberstleutnant von Lescinsky der Auftrag erteilt, zu erforschen, wo sich die 3. Division der Armee MacMahons befände. Vier Offiziere waren bereit, an dem gefährlichen Ritte teilzunehmen, und acht Dragoner wurden ihnen als Begleitmannschaft mitgegeben.
>
> Unentdeckt gelangte man bis an die kleine feindliche Festung Lauterburg, die man nicht durch einen Umweg umgehen wollte. Als die dreizehn kühnen Reiter, die Säbel in der Faust, mit lautjubelndem Hurra ins Tor sprengten, stürzte die aus sechs bis acht Mann bestehende Wache zwar an die Gewehre, stob aber ebenso schnell auseinander und floh in die nächsten Häuser. In laufendem Galopp ging es durch die Festung und zum anderen Tore hinaus. Bei dem Dorfe Cröttweiler wurde eine französische Patrouille überfallen und zum Teil gefangen genommen. Von hier aus schickte Graf Zeppelin einen der Offiziere und drei Dragoner mit wichtigen Meldungen nach Karlsruhe zurück …
>
> Um zu prüfen, ob hinter dem Hause ein Entkommen möglich wäre, lief Graf Zeppelin nach der Hintertür. In der Nähe derselben hielt eine Bauersfrau ein französisches Pferd am Zügel. Mit ein paar Sprüngen war der Graf dort und saß im Sattel. Er hoffte, daß die anderen ihm folgen würden; darum verweilte er noch einige Augenblicke, aber vergebens. Der Masse der Feinde war es bald gelungen, die sieben verschwundenen deutschen Krieger zu überwältigen und gefangen zu nehmen. Endlich wurde auch der Graf entdeckt und von einem Trupp verfolgt; er musste fliehen.
>
> Zum Glück war das Pferd gut. Ein kleines Gehölz brachte seine Verfolger von ihm ab … Er blieb unentdeckt.
>
> Wie aber, wenn die Suche bedächtiger und eingehender fortgesetzt wurde, wenn das Pferd nicht in seiner Ruhe verharren sollte!… Drei Stunden bangen Harrens …

> Als er nach dem Holze zurückschlich, gewahrte er ein mit zwei mageren Kühen bespanntes Wägelchen. Ein armes Bäuerlein und seine Tochter beluden es mit halbverdorrtem Grase, das sie mühevoll zusammengescharrt hatten. Sie fühlten Mitleid mit ihm und boten dem Erschöpften die erste Labung nach langer Zeit …
>
> Da die Karten, mit denen Graf Zeppelin sich im Augenblicke des Überfalls beschäftigt hatte, im Scheuerlenhofe liegen geblieben waren, so mußte er sich mühsam durch das raue, unwegsame Waldgebirge durchsuchen. In tiefer Nacht erreichte er Sulzbach, wo er es wagte, den Rest der Nacht zu verbringen. Am nächsten Morgen mußte er eine weite Strecke auf einer langen, von feindlichen Patrouillen stark begangenen Straße reiten. Da kam ihm zustatten, daß er ein Pferd mit französischer Aufzäumung ritt, und daß damals die Uniformen der verschiedenen französischen Truppenteile in dieser Armee selber noch nicht allgemein bekannt waren …
>
> Voll Dankes gegen Gott für seine Rettung betrat er bei Schönau in der Rheinpfalz den deutschen Boden wieder. Er traf dort auf bayerische Vorposten. Von da hatte er noch beinahe acht Meilen bis Karlsruhe zurückzulegen, wo er am Abend des 26. Juli zu Tode erschöpft ankam und meldete, daß MacMahons Divisionen an der Linie Hagenau-Bitsch aufmarschiert waren.[6]

Soweit das militärische Abenteuer Graf Zeppelins, das anekdotenreich überliefert und als „waghalsiger Erkundungsritt durch das Elsass“ in die Geschichts- und Lesebücher der Kaiserzeit eingegangen ist (► S. 22). Tatsächlich aber hatte Zeppelin mit seiner Aktion, bei der zwei Tote und mehrere Verletzte zu beklagen waren, Kompetenzen überschritten und dadurch die Vorgesetzten verärgert. In späteren Schlachten jedoch verhielt er sich als ortskundiger Truppenführer vorbildlich, hohe Auszeichnungen waren sein Lohn. Während des Krieges hatten die Franzosen Ballone als Kommunikationsmittel eingesetzt. Diese Erfahrung machte auf Zeppelin einen tiefen Eindruck und ließ die Einsicht in die hohe militärische Bedeutung der Luftfahrttechnik in ihm reifen. Doch zunächst befehligte er ab 1872 im annektierten Straßburg die 5. Schwadron des 2. Schleswig-Holsteinischen Ulanenregiments Nr. 15. Bereits zwei Jahre später, inzwischen Major, siedelte Zeppelin mit seiner Frau nach Ulm, wo er Chef des 2. Württembergischen Dragoner-Regiments Nr. 26 wurde. Dort wurde 1879 auch Helene (Hella), die einzige Tochter des Ehepaars Zeppelin geboren. Jahrelang diente Zeppelin aktiv in der Armee des württembergischen Königs, der ihn 1879 zum Oberstleutnant und 1884 zum Oberst beförderte und ihn 1885 zum Militärbevollmächtigten der Württembergischen Gesandtschaft in Berlin, später zum Generalmajor und Generalleutnant ernannte. In der pulsierenden Reichshauptstadt führte die Familie ein offenes Haus, das Ehepaar gab viele Empfänge und nahm ebenso an zahlreichen Einladungen teil. Zu den angenehmen Verpflichtungen gehörten da auch die „Frühschoppen“-Besuche beim Reichskanzler Otto von Bismarck.

Zeppelin als Gesandter des Königreichs Württemberg in Berlin, 1887 (links); Zeppelin (2. v. rechts) mit weiteren Abgeordneten Württembergs im Bundesrat, Berlin 1889 (rechts oben); Zeppelin mit Frau Isabella und Tochter Helene (Hella), 1890 (rechts unten)

1890 allerdings endete das Großstadtleben abrupt, da sich Zeppelin in einer „persönlichen Denkschrift“ an das preußische Staatsministerium des Äußeren über das preußische Oberkommando beklagt hatte. Die Folge war eine negative dienstliche Beurteilung und die Abberufung als Brigadechef. Verbittert schied Zeppelin aus dem Militärdienst aus und zog mit Frau und Tochter wieder in die Heimat, nach Schloss Girsberg am Bodensee bzw. in die Stuttgarter Stadtvilla in der Keplerstraße 19. Seinem ehemaligen Hauslehrer Robert Moser schrieb der 52-Jährige:

Villa der Familie Zeppelin in der Keplerstraße 19 in Stuttgart (1920): Wo zu Zeppelins Zeiten prachtvolle Villen der Gründerzeit standen, befinden sich heute gesichtslose Bauten der Universität Stuttgart.

> Wenn es mir auch recht schwer wird, mich so vor der schauerlichen Leere der Berufslosigkeit zu finden, so trachte ich doch danach, dieses Schicksal als von Gott kommend ohne Murren und Bitterkeit anzunehmen.[7]

Doch ein beschauliches Rentnerdasein in ländlicher Umgebung lag dem umtriebigen ehemaligen Offizier nicht. Im Gegenteil:

Von dem Zeitpunkt an, als Zeppelin im Januar 1874 den Vortrag des damaligen Staatssekretärs im Reichspostamtes Heinrich Stephan „Über Weltpost und Luftschiffahrt" gehört hatte, galt sein Interesse dem Bau lenkbarer Luftschiffe. In seinem Tagebuch verfasste er erste „Gedanken über ein Luftschiff" und fertigte Skizzen dazu an. 40 Jahre später äußerte er rückblickend:[8]

> Den hohen Wert, den weithin mit nutzbringender Last sicher fahrende Luftschiffe gewinnen müßten, ließ mich namentlich der im Jahre 1874 veröffentlichte Vortrag des Reichspostamtssekretärs Stephan „Weltpost und Luftschiffahrt" erkennen. Das rief den Wunsch der Verwirklichung solcher Schiffe in mir wach.[9]

Im Zeitalter des Nationalismus war dem technikbegeisterten Grafen auch bewusst, dass ein Luftschiff auch militärische Funktionen erfüllen und dass Deutschland auf diesem Gebiete konkurrenzfähig sein müsse. In Frankreich nämlich war im August 1884 erstmals das 50 m lange Langgondel-Prallluftschiff „La France“ aufgestiegen. Dieses, im Auftrag des französischen Staates konstruierte Luftschiff erwies sich zwar noch nicht als leistungsfähig, bewies aber eindrucksvoll den beachtlichen Entwicklungsstand des Nachbarlandes.

In zahlreichen Vorträgen und insbesondere in zwei Denkschriften an den König von Württemberg (1887) und den preußischen General Alfred von Schlieffen, Chef des Generalstabes (1891), legte Zeppelin die „Notwendigkeit der Lenkballone“ dar, wobei er zunächst von einem „Luftfahrzeug“ sprach, d. h. ihm schwebte ein Führerfahrzeug mit Anhängern vor. Kaiser Wilhelm nahm zwar diese Ideen zur Kenntnis, doch die von ihm eingesetzte Sachverständigenkommission riet dem Kriegsministerium von der Förderung der Zeppelinschen Projekte ab. Bereits 1884 war in Preußen eine Luftschiffer-Abteilung gegründet worden, die das internationale Luftschiff- und Flugwesen beobachtete und bestehende bzw. vorgesehene Projekte in diesem Bereich auf ihre militärische Verwendung überprüfte. Jahrelang galten die Zeppelinschen Vorschläge als nicht förderungswürdig. Doch unbeirrt und als „Narr vom Bodensee“ verspottet, verfolgte der Visionär, der sich zum Ballonführer hatte ausbilden lassen, sein Ziel, unterstützt von Theodor Kobler, der als Ingenieur für die Konstruktion verantwortlich war. Ein wichtiger Ratgeber war ebenso der Maschinenbau-Ingenieur Carl von Bach, der 1884 als Professor an der Technischen Hochschule Stuttgart die Materialprüfungsanstalt gegründet hatte. Mit seinen Forschungen zur Elastizitäts- und Festigungslehre gab Bach wesentliche Impulse, die, wie auch die Ideen des Aeronautikers Hermann Moedebecks, dem Grafen letztlich zum Erfolg verhalfen. Rückwirkend zum 31. August 1895 erhielt Zeppelin das Reichspatent Nr. 98580 für den Bau lenkbarer Luftschiffe. Immerhin äußerte sich der Verein Deutscher Ingenieure (VDI) positiv zu seinem Vorhaben, ideelle, dann auch finanzielle Unterstützung

Mehrfach würdigte die Post Heinrich von Stephan (1831–1897) mit Sonderbriefmarken; hier die 1947 anlässlich seines 50. Todestages herausgegebene 75-Pfennig-Briefmarke der Deutschen Post. Stephan inspirierte Zeppelin maßgeblich zum Bau von Luftschiffen.

wurde ihm auch vom württembergischen König zuteil. 1897/98 initiierte Zeppelin die Aktiengesellschaft zur Förderung der Luftschiffahrt, zu deren Gründungsmitgliedern auch Gottlieb Daimler gehörte. Mit einer Mischung aus Patriotismus und Erfinderstolz warb der Graf unaufhörlich für seine Idee. Er gewann Interessenten und Mäzene, unter ihnen Angehörige des Hochadels, ranghohe Offiziere und Industrielle, und konnte so 1899 mit dem Bau des ersten lenkbaren Starrluftschiffes beginnen.

Kurz vor dem Start der Jungfernfahrt des von Zeppelins forcierten Baus des Prototyps eines Starrluftschiffes (LZ 1) am 2. Juli 1900: Hilfsmannschaft auf einem von einem Dampfer gezogenen Schwimmfloß

Sein Prototyp, bestehend aus einer Aluminiumträgerkonstruktion, war 128 m lang und von zwei Daimler-Motoren von je 15 PS (10 kW) betrieben; er stieg erstmals am Abend des 2. Juli 1900 über Manzell bei Friedrichshafen auf, gesteuert von Graf Zeppelin persönlich. Auf dem Gelände, das der württembergische König kostenfrei zur Verfügung gestellt hatte, war zunächst eine schwimmende Luftschiffhalle in Fachwerkbauweise entstanden. Die Landung fand erfolgreich bei Immenstaad statt. 18 Minuten hatte die erste Fahrt in 300 m Höhe gedauert, begleitet von zahlreichen Schaulustigen um und auf dem Bodensee. „Extrablätter" berichteten über das besondere Ereignis, das auch von Fotografen festgehalten und über

Postkarten deutschlandweit vermarktet wurde; sogar eine Militärkommission aus Berlin war angereist. Zwar waren die Herren vom Kriegsministerium nicht überzeugt von Zeppelins kurzer Fahrt, doch ermunterten sie den Grafen zum Weitermachen. Bei dem zweiten Aufstieg dieses ersten Luftschiffes am 17. Oktober desselben Jahres war auch der König von Württemberg mit seiner Familie zugegen. Über diese Fahrt berichtete Hugo Eckener, damals Korrespondent der „Frankfurter Zeitung“:[10]

> Sicherlich: das „Luftschiff“ erwies sich als „lenkbar“. Es stieg unter den Hurrarufen des vollzählig am Ufer versammelten Friedrichshafen majestätisch und ruhig in die Lüfte, schwebte sinnig und hübsch über den See hin, machte kleine Drehungen um seine vertikale Achse, vielleicht sogar kleine Kurven, vollführte unzählige leichte Drehungen auch um seine Horizontalachse und blieb sicher und friedlich stets ungefähr in derselben Höhe und über dem selben Fleck schweben. Von einem ausgedehnteren Hinundherfahren, von einem Aufundabschweben zu größeren und geringeren Höhen war freilich nicht merklich die Rede. Man hatte das Gefühl, als ob das Luftschiff sich sehr freute, daß es so nett da droben balancierte, und man freute sich mit darüber; denn ohne Zweifel ist die schöne Ausbalancierung des Fahrzeugs das Gelungenste an der Sache. Aber unter welchen Umständen wurden denn die geschilderten bescheidenen Resultate erzielt? Unter den allergünstigsten; es herrschte fast absolute Windstille …

Über diesen kritischen Zeitungsbericht lernte Graf Zeppelin den 1868 in Flensburg geborenen Journalisten kennen, den er für seine Projekte begeistern konnte. Wenige Jahre später war Dr. Hugo Eckener Nachfolger Zeppelins und übernahm bis zum Ausbruch des Ersten Weltkrieges rund 1000 Fahrten mit Luftschiffen.

Dr. Hugo Eckener (1868–1954) – ein treuer Wegbegleiter Zeppelins und langjähriger Luftfahrtkapitän

Auch wenn aus Berlin nicht die gewünschten positiven Signale einer Unterstützung kamen, mag sich Zeppelin mit dieser Anerkennung getröstet haben: Im Januar 1901 verlieh ihm Kaiser Wilhelm II. den Roten Adlerorden Erster Klasse; es war der zweithöchste Verdienstorden des preußischen Königreichs. In der Verleihungsurkunde hieß es:

> Die erreichten Resultate bedeuten einen epochemachenden Fortschritt in der Konstruktion von Luftschiffen und haben eine wertvolle Grundlage für weitere Versuche mit dem vorhandenen Material geschaffen. Solchen Versuchen will ich Meine

> Unterstützung dadurch gewähren, daß Ihnen der Rat und die Erfahrung der Luftschifferabteilung jederzeit zur Verfügung stehen soll. Ich habe daher befohlen, daß die Luftschifferabteilung, sooft es nötig sein sollte, einen Offizier zu Ihren weiteren Versuchen zu entsenden hat.[11]

Während der aus Brasilien stammende Alberto Santos-Dumont in Frankreich publikumswirksame Erfolge mit seinem Luftschiff verzeichnen konnte, waren für Zeppelin die ersten Jahre des 20. Jahrhunderts geprägt durch Rückschläge, Unfälle, Notlandungen und Beseitigung technischer Mängel. Seine Kritiker rieten ihm, er möge seine „aussichtlosen Bestrebungen" einstellen. Eine große Stütze in dieser Situation fand er in seiner Frau: „Nachdem auch mein innigstgeliebtes Weib mich ermahnt, den Mut und den Kopf nicht sinken zu lassen, will ich versuchen, was ich noch irgend tun kann." Isabella von Zeppelin ordnete sich ganz ihrem Mann unter und litt gelegentlich darunter, dass die Luftschiffe an erster Stelle im Denken und Tun Zeppelins standen. Sie, eine überzeugte Homöopathin, ist aufgrund eines Herzleidens nie mit einem Luftschiff gefahren.[12]

Der Graf verfolgte unbeugsam sein Ziel. Er ließ 1904 ein neues Werftgelände errichten, unternahm weiterhin Testfahrten und tüftelte an Neukonstruktionen, die dank großzügiger Spenden und einer Lotterie im König-

Zeppelin in einem schwimmenden Hangar auf dem Bodensee

reich Württemberg möglich waren. Nachdem die Kriegsverwaltung 1906 als erstes Militärluftschiff ein Groß-Basenach-Luftschiff erworben hatte – dieses in den Berliner Siemens-Schuckert-Werken hergestellte Fahrzeug war nach seinen Erfindern Nikolaus Basenach und Hans Groß benannt –, zeigte das Militär im Herbst 1907 endlich ernsthaftes Interesse an den Zeppelin-Luftschiffen. Der Entscheidung vorausgegangen waren erfolgreiche, aber noch kurze Fahrten mit dem technisch moderneren LZ 3 (LZ war ab 1908 die Abkürzung für „Luftschiff Zeppelin"), der im Oktober 1906 erstmals gestartet war. Mit diesem Zeppelin fand übrigens am 25. September 1907 die erste Luftpostbeförderung mit einem Luftschiff statt; bei einer weiteren Probefahrt ließ LZ 3 einen Luftpostabwurfbeutel über Romanshorn nieder. Für den Erwerb eines Fahrzeugs zu militärischen Zwecken for-

Ein Luftschiff, auf dem Wasser schwimmend, wird aus der Halle gezogen.

Im Juli 1908 absolvierte Zeppelin mit LZ 4 eine grenzüberschreitende Fahrt über den Bodensee, die als „Schweizerfahrt" in die Geschichte einging.

derte das Kriegsministerium jedoch eine erfolgreiche Dauerfahrt von mindestens 24 Stunden. Zunächst bewilligte der Reichstag 500.000 Mark für den Bau einer neuen Werfthalle, die, da sie im Eigentum des Staates blieb, als „Reichshalle" bezeichnet wurde. In dieser entstand eine überarbeitete Version der Vorgängerfahrzeuge, der LZ 4, mit dem der 70-jährige Graf Zeppelin am 1. Juli 1908 eine zwölfstündige Fahrt über den Bodensee absolvierte. Über diese „Schweizerfahrt", ein weiterer wichtiger Mosaikstein in der Geschichte der Luftschifffahrt, berichtete der Meteorologe und Mitbegründer des Oberrheinischen Vereins für Luftschiffahrt, Hugo Hergesell:

> Es war ein herrlicher Morgen, als wir am 1. Juli nach der schwimmenden Reichshalle hinausfuhren … schnell nahmen wir unsere Plätze in der vorderen Gondel ein. In sieben Minuten war das Schiff aus der Halle, schwenkte backbord in voller Fahrt auf Konstanz, das wir in kaum 20 Minuten erreichten und unter dem Jubel der Bevölkerung überflogen …

Aber schon erfüllt ein neues Bild unser Auge, verschlingt ein neues Getöse den Lärm der Stadt; wir ziehen gerade über den tosenden Wasserfall von Schaffhausen dahin ... Um 5 Uhr 30 Minuten erblickten wir wiederum die weite Fläche des blauen Bodensees, hell erschien in der Abendsonne die Heimstätte unseres Luftschiffes ... In zwölfstündiger Fahrt hatten wir Städte und Berge in mannigfacher Gestaltung und Lage überflogen, Grenzen verschiedener Staaten gekreuzt ... Neben mir aber stand ein Mann, der dies alles, man kann wohl sagen gegen den Widerstand einer ganzen Welt geschaffen, in ruhiger, aber stolzer Bescheidenheit da. Die Abendsonne beschien das edle Antlitz und küsste es mit dem Hauch der Unsterblichkeit.[13]

Geheimrat Hugo Hergesell (1859–1938), Mitbegründer des Oberrheinischen Vereins für Luftschiffahrt

Luftschiff Groß-Basenach M I (1908): Von den Groß-Basenach-Luftschiffen wurden ein Versuchsluftschiff und vier sogenannte „Militär-Groß-Basenach"-Typen gefertigt, die mehrfach modifiziert wurden. Sie folgten dem Konstruktionsprinzip des halbstarren Luftschiffes, das seitens des deutschen Militärs zunächst wegen des leichteren Transports gegenüber der starren Bauart vom Typ Zeppelin favorisiert wurde.

4. Exkurs: Luftschiffe um 1900

Auch andere Nationen befassten sich mit dem Luftschiffbau, doch wegweisend waren die deutschen Konstrukteure und der Name „Zeppelin“ wurde bald weltweit zum Synonym für lenkbare Starrluftschiffe. Zu den deutschen Vordenkern, Wegbereitern und Mitbewerbern Zeppelins gehört der 1744 in Mannheim geborene Karl Theodor von Dalberg, der als „Erfinder des starren Luftschiffes“ gilt. Dalberg ist vor allem als letzter Kurfürst von Mainz, als Fürstprimas des Rheinbundes und Großherzog von Frankfurt bekannt. In dem 1785 in Gotha gedruckten „Magazin für das Neuste aus der Physik und Naturgeschichte“ veröffentlichte er anonym und in französischer Sprache die Abhandlung „Quelques vues sur les machines aérostatiques“ (Einige Betrachtungen über die Luftfahrtechnik). Er beschäftigte sich darin intensiv mit der Lenkbarkeit der Luftschiffe und stellte konstruktionsbestimmende Gesichtspunkte auf. Dalberg war sich zwar bewusst, dass die von ihm als „wirtschaftlich rationell“ berechneten Fahrzeuge von 225 m Länge und einem Durchmesser von 25 m „ins Märchenreich“ gehörten, doch Formgebung und Innenkonstruktion seines Gaskörpers waren für spätere Erfinder wegweisend. Ein weiterer erfolgreicher Konstrukteur eines zylindrisch geformten Luftschiffes war der 1835 in Mainz geborene Ingenieur Paul Haenlein, der zu Lebzeiten Probeflüge unternahm und dessen Planzeichnungen posthum auf der Internationalen Luftfahrtausstellung 1909 in Frankfurt auf großes Interesse stießen. An dieser Ausstellung beteiligte sich ebenfalls Wilhelm Rettig, 1845 in Heidelberg geboren, der vorgab, ein „Gerippe in jeder gewünschten Luftschifform“ ausführen zu können. Die Ausstellung war ein Meilenstein in der Geschichte der Luftschifffahrt; sie dauerte von Mitte Juli bis Mitte Oktober 1909, bot eine Reihe wissenschaftlicher Vorträge sowie ein breites Spektrum verschiedener Luftfahrzeuge. Neben den Zeppelin-Luftschiffen LZ 5 und LZ 6 waren unter anderem Parseval-Luftschiffe, Motorflugzeuge und mehrere Ballone zu bestaunen. Rund 1,5 Millionen Besucher zählte die damals größte und bedeutendste Luftfahrtausstellung vor dem Kriege, bei der auch die Gastronomen profitierten; etwa 370.000 Liter Bier und 100.000 Liter Apfelwein wurden konsumiert.[14]

Zeppelinbegeisterung ohne Grenzen: Schaulustige auf den Dächern, 4. August 1908

Die Menschen seh ich rennen, jagen,
Die Blicke aller sind nach oben.
Ich mag es endlich, sie zu fragen:
Was ist es, was ihr schaut da droben?

Der „Zeppelin“ schallt's mir entgegen,
Sein neues Luftschiff probt er aus.
So hör ich es auf allen Wegen,
Mit Jubel ruft man es hinaus.

Jetzt immer näher sieht man's kommen,
In seiner Größe wächst es an,
Getöse hat man auch vernommen,
Da sind die zwei Motoren d'ran.

Ein Jubel geht durch die Menge,
Glocken läuten, es krachen Schüsse,
Es wehen Tücher, im Gedränge
Und senden Zepp'lin ihre Grüße.

Der Jubel scheinet nicht zu enden,
Begeist'rungsvoll ruft aus man noch:
„Alles zum Guten mög' sich wenden,
Graf Zeppelin, er lebe hoch!“ [19]

Über Worms fuhr das Luftschiff mit einer Geschwindigkeit von 50 km/h, zuvor jedoch war es „erheblich“ schneller, „so daß Automobile dem Ballon

LZ 4 am 4. August 1908 über Worms

nicht mehr zu folgen vermochten. Von Waldshut ging es eine Zeitlang neben dem Schnellzug Waldshut-Basel her", der „mit 75 km Geschwindigkeit fuhr". Über die Ankunft in Worms hieß es:

> Um ¾ 3 kam der Ballon in Sicht und war in der weiten Ferne bereits deutlich zu erkennen. Mit majestätischer Ruhe bewegte er sich in direkter Richtung auf Worms zu. Kurz nach 3 Uhr begannen die Glocken der Kirchen zu läuten, es war ein andachtsvoller Augenblick. Um 3 Uhr 30 Min. flog das Luftschiff über Worms. Mit der größten Deutlichkeit ist der ungeheure Umfang des Luftschiffes zu erkennen. Die Masse liegt in dem gasgefüllten Ballon, während Gondeln, Motoren und Steuer einen verhältnismäßig kleinen Raum einnehmen. Die weiße Ballonhülle leuchtete prachtvoll in dem hellen Sonnenschein. Von dem Turm der Dreifaltigkeitskirche aus sah man die mit Menschen dichtbesetzte Rheinbrücke, aus denen die Helme und Uniformen des Regiments abstachen. Alle Dächer sind dicht besetzt mit Menschen, die erwartungsvoll die Annäherung des Luftschiffes beobachten. Soeben um 3 Uhr 30 Min. schwebt der Ballon über der Stadt. Der Ballon machte darauf, immer noch ein gutes Stück von der Stadt entfernt, verschiedene elegante Wendungen. Der Ballon ist jetzt direkt vor uns. Böllerschüsse krachen und überall hört man begeisterte Hurrarufe. In einer Höhe von 400 m zieht der Ballon über die Stadt hin und wirft briefliche Grüße aus. Man hört deutlich das Arbeiten der Motoren. In der Richtung nach Mainz fährt der Ballon sicher und ruhig weiter.[20]

Auch in Mainz, der größten Stadt des Großherzogtums Hessen-Darmstadt, herrschte eine volksfestartige Stimmung:

> In den Mittagsstunden herrschte hier bereits ein äußerst starker Verkehr auf den Straßen, weil man die Ankunft Zeppelins bereits von 3 Uhr ab hier erwartete. Die große Rheinbrücke, die Rheinufer, alle höher gelegenen Punkte der Stadt waren dicht mit Menschen besät und jeder Zug brachte auch von auswärts, namentlich von Frankfurt a. M. und Wiesbaden, neue Scharen elegant gekleideter Gäste. Auf der oberen Terrasse der Stadthalle hatte sich ebenfalls eine gewaltige Menschenmasse eingefunden, die durch eine Musikkapelle unterhalten wurde. Das Publikum hielt trotz der großen Hitze wacker aus und hielt sehnsuchtsvoll die Blicke nach Süden gerichtet. Von einem ganz oben auf der Terrasse aufgestellten Tische, an dem Mainzer, Darmstädter und Wiesbadener Journalisten Platz genommen hatten, wurden von Zeit zu Zeit die Meldungen bekannt: Speyer 2¾ Uhr, Worms 3½ Uhr usw. und ein Jubel ertönte, als gegen 4½ Uhr die Meldung aus Oppenheim kam: „Ballon in Sicht!", und später dieselbe Meldung aus Nackenheim und Laubenheim, doch als auch 5 Uhr vorüber war und das Luftschiff immer noch nicht in Sicht kam, stieg die Ungeduld aufs Höchste. Um 5¾ Uhr kam ein Journalist mit der neuesten Meldung, dessen verstörtes Aussehen die Menge lautlos machte. Und als er nun verkündete: „Der Ballon hat einen vorzeitigen Abstieg genommen; er ist bei Oppenheim niedergegangen", da drang alles nach den Straßen. Man rief laut nach Automobilen und Wagen und eine lange Kette von Automobilen und Wagen bewegte sich unter gewaltiger Staubentwicklung auf der Landstraße nach Laubenheim, wo dann erst mit Sicherheit festgestellt worden ist, daß der Ballon zwar gesichtet wurde und bis zur Nackenheimer Höhe gekommen war, aber dann verschwand. Der Personenzug 6 Uhr 43 Min. führt endlich vollgepfropft auch die elegantesten Toiletten in der 4. Wagenklasse, die Hauptmasse nach Nierstein, von

August 1908: Wettfahrt zwischen LZ 4 und einem D-Zug

wo aus wieder eine wilde Jagd entstand, um mit Hilfe von Dampfern, Fähren, Nachen usw. zum andern Ufer zu kommen. Man hatte das weiße, lange Ungetüm schon von der Eisenbahn aus auf dem jenseitigen Ufer liegen sehen. Der Ballon hatte schon bald nach dem Passieren von Worms einen etwas schleppenden Gang genommen und verschiedene Manöver ausgeführt, weil sich an einem Steuer ein kleiner Defekt herausgestellt hatte. Das Luftschiff war dann schnell, aber ruhig und gemessen an der für die Niederlassung ausgewählten Stelle am Rhein gelandet, und zwar gegenüber Oppenheim an der leichten Landbiegung „Kornsand", einer zur Gemarkung Gernsheim gehörenden Uferstelle, in unmittelbarer Nähe einer leerstehenden Zementfabrik.[21]

Notlandung der LZ 4 am Abend des 4. August 1908 bei Oppenheim am Rhein

Diese Notlandung bot den Menschen der Umgebung die einmalige Gelegenheit, das sonderbare Gefährt aus der Nähe zu betrachten:

> Nun strömte die Bevölkerung nach Oppenheim – von Mannheim, Worms, Darmstadt, Mainz, Wiesbaden und Frankfurt brachten die Züge viele, viele Tausende von Menschen herbei; ein fürchterliches Gedränge herrschte an der fliegenden Brücke; alles wollte an das jenseitige Ufer, um das Luftschiff aus nächster Nähe betrachten zu können. Auf unzähligen Automobilen und Fahrrädern kamen sie von allen Seiten herangezogen. Und drüben standen sie in dichten Scharen wenige Meter von dem Luftschiff entfernt und hatten Gelegenheit, den Grafen Zeppelin von Angesicht zu Angesicht zu sehen. Wiederholt schallten brausende Hochrufe über den Rhein herüber. Auch Prinz und Prinzessin Friedrich Karl von Hessen sowie die Erbprinzessin von Sachsen-Meiningen sind hier im Automobil angekommen.[22]

Zu den Augenzeugen, die eilig nach Oppenheim kamen, um den Koloss aus der Nähe zu begutachten, gehörte auch der 1896 in Nackenheim geborene und in Mainz aufgewachsene Schriftsteller Carl Zuckmayer:

Im hessischen Trebur-Kornsand erinnert noch heute ein Denkmal an die außerplanmäßige Landung Graf Zeppelins am 4. August 1908.

Der deutsche Schriftsteller Carl Zuckmayer um 1920 im Alter von 24 Jahren
(Bundesarchiv, CC-BY-SA 3.0)

Auch der Zeppelin erschien in Mainz, wenn auch mit etwas Verspätung. Wenn ich mich recht erinnere, steuerte der Graf persönlich das Luftschiff, noch nicht sein Meisterschüler Hugo Eckener, mit dem ich mich in späteren Jahren befreundet habe und unter dessen Führung ich selbst einen Zeppelinflug mitmachte. Damals, es war an einem schönen Sommermorgen, bekamen wir schulfrei, weil der Zeppelin so etwa um elf Uhr über der Stadt erscheinen sollte; ganz Mainz staute sich am Ufer und in der Rheinallee, denn man erwartete ihn über dem Fluss, dessen Lauf er folgte. Doch er kam nicht. Es wurde immer später und wärmer, die Leute wurden mürrisch, weil sie nicht zu Mittag gegessen hatten, und begannen die ganze Luftschifferei und das starre System im Besonderen mit respektlosen Worten zu bedenken. Natürlich gingen die wildesten Gerüchte um. Der Zeppelin sei in der Luft explodiert, in Flammen aufgegangen, brennend auf die Stadt Mannheim niedergestürzt, ganz Mannheim gleiche einem Trümmerhaufen, und auch von Ludwigshafen stehe kein Haus mehr – von Mund zu Mund vervielfachten sich die Toten. Als dann endlich die amtliche Nachricht verkündet wurde, der Zeppelin hätte zwischen Worms und Mainz notlanden müssen, und das Manöver sei

Am Ort der Notlandung von LZ 4 wurde ein „Zeppelinstein“ errichtet. Ein weiterer Gedenkstein befindet sich oberhalb der Stadt Oppenheim.

> ohne Schwierigkeiten gelungen, stürzten wir Buben uns auf die Fahrräder: rheinaufwärts, die Uferstraße entlang – bis man, in der Gegend von Oppenheim, von der polizeilichen Absperrung aufgehalten wurde: da lag sie wirklich, in der Nähe des alten Auhafens, die lange, silbergraue Zigarre, von vielen Tauen und Winden am Boden gehalten – und am nächsten Tag schwebte sie plötzlich, mit erhobener Schnauze, ganz unerwartet und ohne die vorgesehene Fahnen- und Böllerbegrüßung, nordwestwärts, überm Dom vorbei. Ein tiefes Brummen erfüllte die Luft, wie von Hummelschwärmen, alles stürzte auf die Straße, aber ehe die Leute richtig „Hurra“ rufen konnten, war es schon verebbt und verklungen.
>
> Das war die Eroberung der Luft – und wir, in deren Kinderjahren noch die Pferdebahn durch Mainz klapperte, die wir die ersten Autos und die erste Elektrische gesehen hatten, sind dabei gewesen.[23]

Gleich zwei im Sommer 1909 errichtete Denkmäler erinnern an diese Notlandung; ein Gedenkstein oberhalb der Stadt Oppenheim mit der Inschrift „Zeppelin – 4. Aug. 1908 – Hier gegenüber auf dem Rhein Landung bei erster Fernfahrt“ und ein Denkmal auf der gegenüberliegenden Rheinseite bei Trebur-Kornsand mit der Erinnerungstafel „Hier landetet mit seinem Luftschiff Graf Zeppelin auf seiner ersten Dauerfahrt am 4. August 1908“.

Die Weiterfahrt verzögerte sich von Stunde zu Stunde. Zur Verminderung des Gewichts mussten Ausrüstungsgegenstände und fünf Mann der zwölfköpfigen Besatzung zurückbleiben. Erst gegen 22.30 Uhr erfolgte der Aufstieg:

> Ein riesiger Jubel wurde entfesselt, als kurz vor ¾ 11 Uhr zwei helle Lichtpunkte sich an dem sternenlosen Abendhimmel abhoben, rheinabwärts ziehend und über Mainz erscheinend. Es waren die Lichter der beiden Gondeln, die in weitem Abstand voneinander den Flug des Ballons auf der Erde bezeichneten. Der Ballon war um ½ 11 Uhr von seiner Landungsstelle aufgestiegen und fuhr in außerordentlich schnellem Fluge nach Mainz, wo er dann einen großen Bogen in der Richtung nach dem Zollhafen zu beschrieb, einige weitere Manöver ausführte, die man an der verschiedenartigen Stellung der Lichter deutlich erkennen konnte und wieder seine Rückfahrt antretend.
>
> Das Erscheinen des Ballons am Himmel entfesselte stürmische Begeisterung: Die Dampfpfeifen ließen ihre Signale ertönen, hunderte Böllerschüsse lösten sich und wetteiferten mit dem vieltausendstimmigen Hurrarufen. Nach etwa 10 Minuten langem Aufenthalt in der Höhe über Mainz, wendete sich der Ballon wieder in schnellstem Fluge rheinabwärts in der Richtung nach Worms.[24]

Obgleich der Rückflug über Worms um ein Uhr nachts erfolgte, säumten der Überlieferung nach in dieser sternenklaren Nacht noch immer Menschen die Plätze und Straßen, um entweder erneut oder erstmals das Luftschiff zu sehen:

> Viele Leute wurden durch das starke Sausen der Motoren und Schrauben aus ihrem Schlummer geweckt und sahen sich darauf das prachtvolle Schauspiel an, wie das Luftschiff mit seinen hellen Lichtern durch den klaren Nachthimmel flog.

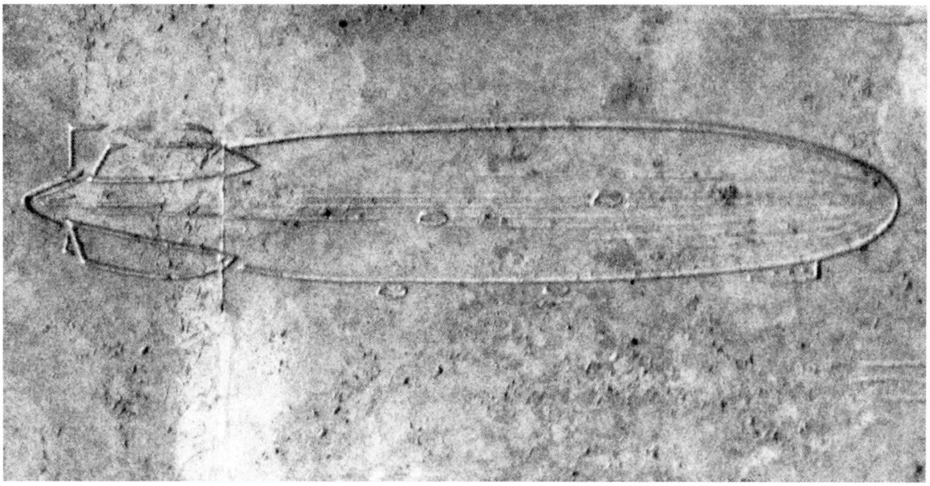

Seit 1939 halten vier Reliefplatten im Hauptbahnhof Mainz die Erinnerung an die „Geschichte des Verkehrs" in Erinnerung. Nach dem Umbau des Bahnhofs (2003) wurden diese Darstellungen aus der NS-Zeit aus dem Foyer in die hinterste Ecke, gegenüber Gleis 8, versetzt. Die Luftfahrtgeschichte präsentiert sich unter anderem mit einem Zeppelin.

> Auf dem Marktplatze waren viele Leute zusammen geströmt. Der Ballon flog anscheinend in südlicher Richtung weiter. Es waren wohl noch fünf Minuten bis 1 Uhr, als man auf der Höhe ein starkes Sausen von Motoren vernahm, wodurch alle aufmerksam wurden, daß das Luftschiff nahe war. Dann sah man auch schon hoch oben an einem riesigen grauen Körper zwei Lichter schimmern. Sehr schnell flog das Luftschiff in südlicher Richtung davon. Bald darauf begann es zu regnen, und Wolken entzogen das Luftschiff den Blicken.[25]

Am Tag nach der außergewöhnlichen Fahrt berichtete die „Wormser Zeitung" von einem kuriosen Unglück aus Mannheim:

> Die Vorbeifahrt des Grafen Zeppelin hatte leider einen schweren Unfall zur Folge. Die 42jährige Garderobefrau Schelle stürzte gestern nachmittag beim Vorbeifahren des Ballons aus dem 4. Stockwerk des Gasthauses „Zum wilden Mann" durch ein Glasdach in den Hof und erlitt einen Schädelbruch.[26]

Es sollte nicht das einzige Unglück sein, das der Anblick eines Zeppelins hervorrief. Rund vier Jahre später berichtete die Zeitung „Der Rheinpfälzer" anlässlich der Fahrt von LZ 12 über Neustadt am 19. Juli 1912 und teilte mit: „Ein korpulenter Mann erlitt durch die Anstrengung, das Luftschiff sehen zu können, einen tödlichen Schlaganfall." Auch in späteren Jahren wiederholten sich Unglücksfälle, sei es durch unvorsichtiges Klettern auf (Glas-)Dächer des besseren Ausblicks wegen oder durch Unachtsamkeit wie bei einem Bäckerlehrling in Heidelberg, der beim Anblick des Zeppelins „Hindenburg" im September 1936 mit seinem Rad ungebremst auf ein vorausfahrendes Auto fuhr. Sieben Jahre zuvor hatte sich auch im österreichischen Rotneusiedl ein tragisches Unglück ereignet:

> Als gegen 8 Uhr früh der „Zeppelin" sich näherte, erkletterte der 16jährige Zimmermannslehrling Rudolf Wagner hier das Dach seines Wohnhauses. Er kam dabei mit der über das Dach führenden, nicht isolierten Starkstromleitung in Berührung und erhielt einen heftigen elektrischen Schlag, so daß er sieben Meter tief auf die Straße fiel. Er blieb tot liegen.[27]

In Stuttgart wurde Graf Zeppelin am 5. August 1908 triumphal empfangen:

> Um 6.40 Uhr befand er sich noch über dem Stuttgarter Talkessel. Die Begeisterung der Einwohner über ihren großen Landsmann ist unbeschreiblich. Die Stadtvertretung erhielt von Zeppelin folgende eigenhändig unterschriebene Karte: „Vom Luftschiff Zeppelin auf der Höhe über Stuttgart. Nach ereignisreicher Fahrt zurückkehrend. Graf Zeppelin."[28]

Allerdings verstummte wenig später die euphorische Stimmung. Da nämlich bereits über Mannheim ein Motor ausgefallen war und der zunehmende Gegenwind die Fahrt kontinuierlich verlangsamt hatte, sah sich Graf Zeppelin erneut gezwungen, „außerfahrplanmäßig" zu landen:

> Graf Zeppelin ist kurz nach 8 Uhr mit seinem Luftschiff östlich von Echterdingen auf den Filtern gelandet. Es handelt sich um einen Motordefekt. Das Luftschiff wird wider Willen gezwungen sein, bis heute Abend 6 Uhr auf den Filtern zu bleiben. Von Friedrichshafen aus wurden Mannschaften zur Reparatur beordert. Von Stuttgart sind 2 Kompanien Grenadiere nach Echterdingen telegraphisch berufen.[29]

Aufgrund des Motorschadens sollte die Fernfahrt lediglich unterbrochen, doch nicht aufgegeben werden – davon gingen Graf Zeppelin und seine Mannschaft aus. Mit Extrablättern wurden in ganz Südwestdeutschland die Leser aktuell informiert:

> Außer den Mannschaften sind von Friedrichshafen auch drei dort stehende Eisenbahnwagen mit Gas beordert worden, die als Expreßzug hierher befördert werden. Dieser Transport, sowie die Abfüllung des Gases, wird längere Zeit in Anspruch nehmen, sodaß das Luftschiff voraussichtlich vor 9 Uhr abends nicht mehr aufsteigen kann. Nach Echterdingen findet zur Zeit die reinste Völkerwanderung statt. Die Filterbahngesellschaft läßt Extrazüge fahren, die stark überfüllt sind. Tausende kommen zu Fuß, viele auch mit dem Rade, in Automobilen und sonstigen Wagen. Die Stuttgarter Grenadiere, die in der Gegend von Echterdingen eine Felddienstübung hatten, waren rasch zur Stelle und hatten mit anderen Mannschaften des Grenadierregiments „Königin Olga" die Ordnung aufrechterhalten. Der Hauptgrund zu dem Niedersteig des Ballons liegt nicht in dem Defekt der vorderen Motore, sondern in dem Bedürfnis nach weiterer Gasfüllung. Das flache Gelände von Echterdingen erschien dem Grafen zur Landung besonders geeignet.

> Der Motordefekt wird durch Monteure der Daimlerwerke in Cannstadt[30] beseitigt, die mit Automobilen und dem nötigen Werkzeug zur Landungsstelle gefahren sind.[31]

Während der Reparaturmaßnahmen des nur unzureichend verankerten Luftschiffes erholte sich Graf Zeppelin von den Anstrengungen des Tages in dem nahe gelegenen Wirtshaus „Post“ in Echterdingen. Zur geplanten Rückfahrt nach Friedrichshafen kam es nicht. Am Morgen des 6. August veröffentlichte die Presse folgende Nachricht:

> Zeppelins Ballon verbrannt. Wie der Schwäbische Merkur meldet, geriet das Luftschiff Zeppelins kurz nach 3¼ Uhr in Brand. Der Ballon ist rettungslos verloren.[32]

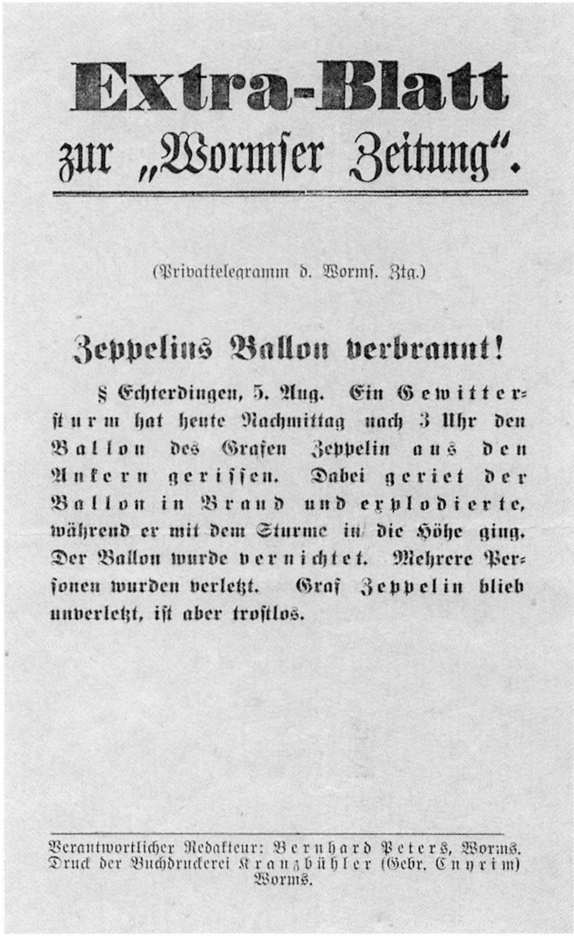

Extra-Blatt
zur „Wormser Zeitung“.

(Privattelegramm d. Worms. Ztg.)

Zeppelins Ballon verbrannt!

§ Echterdingen, 5. Aug. Ein Gewittersturm hat heute Nachmittag nach 3 Uhr den Ballon des Grafen Zeppelin aus den Ankern gerissen. Dabei geriet der Ballon in Brand und explodierte, während er mit dem Sturme in die Höhe ging. Der Ballon wurde vernichtet. Mehrere Personen wurden verletzt. Graf Zeppelin blieb unverletzt, ist aber trostlos.

Verantwortlicher Redakteur: Bernhard Peters, Worms. Druck der Buchdruckerei Kranzbühler (Gebr. Cnyrim) Worms.

Extra-Blätter berichteten vom Unglück bei Echterdingen.

Die Extrablätter waren schnell vergriffen, konnten aber nicht die Neugierde aller am Geschehen Interessierten befriedigen:

> Beschwerde führen viele Leser, daß ihnen unsere Extrablätter nicht zugegangen seien. Es ist allerdings wahr, daß unsere Boten mit den Extrablättern nicht in die äußeren Stadtteile kamen; sie wurden meist schon unterwegs ausgeplündert. Bei der Schnelligkeit, mit der die wichtigen Nachrichten aufeinander folgen, wäre es auch kaum möglich gewesen, alle Leser mit Extrablättern zu bedenken. Dadurch, daß die „Wormser Zeitung“ zweimal täglich erscheint, haben die Leser ja ohnehin den Vorzug, daß sie auf das Allerneuste nicht lange zu warten brauchen.[33]

Was bei Echterdingen genau geschehen war, veröffentlichten die Zeitungen in den kommenden Tagen ausführlich:

> Explosion des Zeppelinschen Luftschiffes:
>
> Heute nachmittag kurz nach 3 Uhr entstand an der Landestelle des Luftschiffes auf den Filtern bei Echterdingen ein Wirbelwind, der das Luftschiff losriß und

etwa eine halbe Stunde weit trieb, bis es von Bäumen aufgehalten wurde, wobei es Feuer fing und in ein paar Sekunden in Flammen aufging. Als der Wind einsetzte, hob sich das Luftschiff hinten in die Höhe und stellte sich beinahe auf die Spitze. Das Luftschiff wurde dann über die auf der betreffenden Seite stehenden Zuschauer hinweg getrieben, wo die Anker drei Personen schwer verletzten, darunter eine Frau. Zwei Personen befanden sich noch im Luftschiff, ein Monteur von Daimler und ein Soldat, die, als das Luftschiff in den Bäumen sich verfing, heraussprangen und ebenfalls schwere Verletzungen davontrugen. Graf Zeppelin war, als das Un-

Der „Zeppelinstein" in Echterdingen, der an die Zerstörung von LZ 4 durch ein Gewitter erinnert: Die Katastrophe wendete sich zum Glücksfall für die Luftschifffahrt, denn hier nahm die große „Zeppelinspende" des deutschen Volkes ihren Anfang. Sie erbrachte eine hohe Summe und ermöglichte Graf Zeppelin die Fortsetzung seines Werkes auf sicherer finanzieller Grundlage. Der Zeppelinstein markiert den Landungsplatz bei Echterdingen. Er befindet sich in der Einflugschneise westlich des Flughafens Stuttgart, ca. 1000 Meter von der Landebahn entfernt.

Der „Zeppelinstein" in Frankfurt am Main erinnert an die erste Zeppelin-Landung des LZ 5 – Z II auf der Internationalen Luftschiffahrt-Ausstellung (ILA) am 31. Juli 1909 um 15.30 Uhr. Der „Zeppelinstein" wurde erst 20 Jahre nach der ILA, am 10. November 1929, auf dem Landeplatz im Stadtteil Bockenheim in Nähe der Kreuzung Am Dammgraben/Müllerstraße errichtet.

> glück sich ereignete, selbst nicht an der Unfallstelle, sondern hielt sich im Dorfe Echterdingen auf, von wo aus er bei Ausbruch des Windes sofort mit Automobil herbeieilte. Er konnte nur noch zu den Trümmern seines Werkes gelangen. Die Verletzten wurden nach einem Krankenhause gebracht, und Graf Zeppelin fuhr um 5 Uhr mit Automobil nach Stuttgart. [34]

Ein Augenzeuge schilderte Zeppelins Anblick seines zerstörten Werkes und die Abfahrt von Stuttgart nach Hause:

> Graf Zeppelin kam etwa eine halbe Stunde nach der Katastrophe an der Unglücksstelle an. Er stand stumm erschüttert da, die Augen voll Tränen. Um 6,5 Uhr fuhr er mit dem Zug nach Friedrichshafen. Es wurden ihm und Oberingenieur Dürr lebhafte Ovationen bereitet und Blumen überreicht. Bei der Abfahrt hatte der Graf Tränen in den Augen, auch ein großer Teil der Zuschauer weinte.[35]

Laut Zeitungsbericht waren „zirka 40.000 bis 50.000 Köpfe" Zeuge des plötzlichen Unfalls, bei dem beim Aufprall des Luftschiffes auf den Boden der Motor explodierte und der Ballon Feuer fing. Wie durch ein Wunder gab es keine Toten. In Echterdingen führten unmittelbar nach dem Ereignis Bewunderung, Anerkennung und Mitleid zu einer groß angelegten Spendensammlung, sodass bereits im Oktober 1908 an der Unglücksstelle ein „Zeppelinstein“ errichtet werden konnte. Dieser Granitblock mit einem Portrait des Geehrten enthält folgende Inschrift:

> Hier landete am 5. Aug. 1908 Graf Zeppelin zum ersten Mal auf festem Boden.
>
> Mit dem Luftgeist hat er gerungen
> Den grimmigen Feind siegreich bezwungen.
> Aus Flammenglut stieg er empor.
> Noch herrlicher als je zuvor.
> Der Deutschen Stolz dem Recken kühn
> Ihm gilt der Stein Graf Zeppelin.

Das Mitgefühl für den alten Herrn schlug sich auch in einer Vielzahl weiterer Gedichte nieder:

> An Graf Zeppelin
>
> Du lebst, du lebst, das ist das größte Glück,
> Schau nicht auf die Vergangenheit zurück,
> Voran mit frischem, frohem Mut,
> So wird mit Gottes Hilfe alles gut!
> Ganz Deutschland fühlet deinen tiefen Schmerz,
> Und jedes treue deutsche Herz
> Durchzittert nur ein Wunsch und ein Gebet,
> Daß wie der Phönix aus der Asche
> Dein neues Werk entsteht. [36]

Wie Carl Zuckmayer erlebte auch der 1870 geborene Schweizer Journalist und Autor Hermann Stegemann den 4. August 1908 als einen besonders nachhaltigen Tag. In seinen 1930 erschienenen „Erinnerungen aus meinem Leben und meiner Zeit“ vergegenwärtigte er sich anschaulich das historische Ereignis, das er bei Basel erlebte:

> Da war es mir plötzlich, als klänge der Himmel wie von sanften, langsam anschwellenden Orgeltönen. Auf der Straße liefen ein paar Frühaufsteher zusammen und beschatteten die Augen, um in die Ferne zu spähen. Auch ich schaute zu dem bewaldeten Höhensaum hinüber, hinter dem die heroische Sphärenmusik zu metallischem Dröhnen schwoll. Und wie ich noch zweifelnd und doch schon wissend den Blick in die Ferne bohre, taucht über dem Tannenwald ein silberner Himmelsfisch empor und schwimmt in scheinbar langsamer und doch rascher Fahrt, aller Körperschwere bar, auf uns zu. Ich starrte einen Augenblick wie gebannt zu dem Wunder empor. Wohl hatte ich das Luftschiff des Grafen Zeppelin schon mehr als einmal dicht über dem Seespiegel schweben sehen, aber es erschien mir in diesem Augenblick so fremd, so schön und zugleich so ins Reich der unbegrenzten Höhe emporgehoben, daß mir das Herz zu klopfen begann. Ich lief ins Schlafzimmer meiner Frau, riß den Kleinen auf den Arm, rief, der Zeppelin komme, und eilte auf den Balkon zurück.
>
> Schon zog das Luftschiff silberglänzend, goldumsprüht, hoch über dem Talboden zu unsern Häuptern gen Nordwesten. Das Kind starrte, die Augen noch

voll Schlaf und doch ganz erfüllt von der unbegreiflichen Erscheinung, stumm zum Himmel empor und die junge Frau stand barfuß im Hemd und ihren langen Mädchenzöpfen an das Geländer gelehnt und winkte mit beiden Armen zu den Silbergondeln hinauf. Es war das vierte Schiff, das Zeppelin gebaut hatte. Mit der Reichskommission an Bord zog es über den Schwarzwald, um über Straßburg, Germersheim, Speier und Worms nach Mainz zu fliegen und über Stuttgart heimzukehren. Unsere Wünsche begleiteten es in die Ferne.

Am andern Morgen lärmte in meinem Büro der Fernsprecher und meldete, daß das Wunderschiff bei Echterdingen gestrandet und verbrannt sei. Da weinte die junge Frau, als wäre ihr ein Leid geschehen.[37]

Graf Zeppelin selbst schilderte dieses Ereignis rückblickend folgendermaßen:

Als wir uns auf der Mainzer Fernfahrt am Spätnachmittag des 4. August 1908 dem Rhein unweit Oppenheim näherten, trat eine sehr schnelle Abkühlung des Gases ein, und da gerade nur ein Motor im Gang war – der andere war durch den Bruch eines Rädchens, dessen Ersatz im kritischen Moment zu lange dauerte, unbrauchbar geworden –, so konnte man den nun eintretenden Abtrieb nicht dynamisch überwinden. Es war kein Halten mehr und man musste vollends auf den Rhein hinuntergehen. Es wurde die Stelle so geeignet als möglich gewählt, und die Landung ist vollkommen gelungen. Um die Fahrt fortsetzen zu können, musste so viel als möglich entlastet und die Nachtkühle abgewartet werden. Dann ging es über Mainz hin und zurück bis wieder über Mannheim, wo dann der vordere Motor vollkommen versagte. Es war ein Lager ausgeschmolzen und es konnte von da ab nur mit einem Motor gefahren werden. Aber Benzinvorrat war reichlich vorhanden, auch für eine noch viel längere als 24stündige Fahrt. Die Nacht war sehr dunkel, aber es gelang doch, sich zu orientieren und die Fahrt so einzurichten, daß man auf kürzestem Weg dem Reiseziel näherkam. Es war zwar nicht zu vermeiden, daß man auch jetzt, mit nur einem Motor, in sehr große Höhen getrieben wurde, da der Betriebsmaterialverbrauch das Fahrzeug beständig sehr entlastete. In 1800 Meter Höhe wurde Gas entlassen, um nicht noch höher zu steigen, aber nur so viel, daß man mit der vorhandenen dynamischen Kraft wieder herunter konnte.

So ging die Fahrt über Stuttgart hin, immer noch in ziemlicher Höhe. Da, südlich von Stuttgart, in den Feldern, machte sich eine bedeutend stärkere Luftströmung bemerkbar, und wir erkannten, daß mit dem einen Motor, der noch im Gange war, nicht mehr vorwärtszukommen war. Wir würden anstatt vorwärts, zurückgekommen sein. Deshalb beschlossen wir die Landung: Unten wehte der Gegenwind schwächer, nahm aber bald auch da so zu, daß wir landeten, um nach Wiederherstellung des gestörten Motors mit Hilfe der nahen Daimlerfabrik und Bezug weiteren Füllgases aus Manzell die Fahrt fortzusetzen. Auch diese Landung vollzog sich vollständig glatt, ohne die geringste Beschädigung.

Dann trat das Unglück ein, daß eine plötzlich anhebende Sturmwelle seitlich herkam und das Fahrzeug fortriß. Es machte einen Sprung von einem Kilometer Länge. Während desselben wurden von einem der in dem Luftschiff befindlichen Leute Ventile gezogen, um das Fahrzeug schneller wieder zur Erde zu bringen. Der herausgerissene und nun herabhängende Anker schlug noch einmal ein und fasste so fest, daß nicht etwa eine Fesselung abriß oder irgend etwas am Fahrzeug, sondern daß der eiserne Anker in zwei Stücke gerissen wurde. Dann ging das Fahrzeug noch ein Stück weiter, bis es sich in einer Baumgruppe, schon brennend, festfuhr.[38]

Die Bevölkerung wie auch die Regierenden im Lande nahmen aufrichtig Anteil an dem Unglück. So sandte der badische Staatsminister Alexander Freiherr von Dusch folgendes Telegramm an Zeppelin:

> Tieferschüttert spreche ich Eurer Exzellenz namens der großherzoglichen Regierung und im Sinne der vielen Tausenden von Badensern, die gestern in heller Begeisterung dem stolzen Flug Ihres Luftschiffes und dem genialen Erbauer zujubelten, anläßlich dessen Verlustes die aufrichtigste Teilnahme aus. Möge das Luftschiff unter der tatkräftigen Mitwirkung der Nation wie ein Phönix aus der Asche neu erstehen und Ihr Lebenswerk durch vollen Erfolg seine Krönung finden.[39]

Und von seinem Sommerurlaub auf Norderney telegrafierte Reichskanzler Bernhard Fürst von Bülow nach Friedrichshafen:

> Soeben erreicht mich die Nachricht von der Vernichtung Ihres Luftschiffs. Wer sein Leben an eine große Idee setzt, den können solche Schläge nicht entmutigen. Die Erfahrungen bei diesem Unglück werden Sie Ihrem Ziel nur näher bringen. Ich werde Ihre weiteren Arbeiten mit aller Kraft unterstützen.[40]

Ebenso sandte der 87-jährige bayerische Prinzregent Luitpold aus Hohenschwangau folgendes Telegramm an Zeppelin:

> Die Nachricht über das unheilvolle Missgeschick, dem Ihr Luftschiff nach so glänzender Fahrt zum Opfer gefallen ist, hat mich aufrichtig betrübt. Der durch höhere Gewalt herbeigeführte Unfall vermag aber der Tatsache keinen Eintrag zu tun, daß die Fernfahrt nach Mainz ein Markstein in der Entwicklung der Luftschiffahrt und ein großer Erfolg Ihrer zielbewußten Arbeit darstellt, zu dem ich Sie, lieber Graf, beglückwünsche.[41]

Auch das württembergische Königspaar drückte dem Ehepaar Zeppelin telegraphisch „sein tiefstes Bedauern“ aus wie überhaupt am ganzen Bodensee „tiefste Trauer und Bedauern“ herrschten. Bereits am 6. August fuhr der württembergische König Wilhelm II., Zeppelins Landesherr, nach Friedrichshafen und traf sich dort im Hotel „Deutsches Haus“ mit dem Grafen, um diesem „persönlich seiner herzlichen Anteilnahme zu versichern“:[42]

> Der König orientierte sich auf das eingehendste über den Hergang des Unglücks und den Verlauf der Fahrt, was ihm Graf Zeppelin ausführlich demonstrierte. Sehr erfreut sprach sich der König über das Telegramm des Kaisers aus, das der Graf rasch herbeiholte und das der König mit großem Interesse las.

An den Kaiser nach Berlin sandte Zeppelin ein „Danktelegramm“, das wie die vielen anderen Schreiben der Anteilnahme, der Glückwünsche und Huldigungen der ganzen Bevölkerung über die Presse zugänglich gemacht wurde:

> Eurer Majestät allergnädigster Trostspruch verwandelt Trauer in Freude. Alleruntertänigsten bewegten Dank dafür. Mit Begeisterung werde ich mich Eurer Majestät und des deutschen Volkes Auftrag zum Weiterbauen unterziehen.[43]

Unmittelbar nach dem verhängnisvollen Unglück erschien in allen großen deutschen Tageszeitungen ein „Aufruf an die Bürgerschaft!", in dem um eine „Volksspende für Zeppelin" gebeten wurde. Listenformulare wurden ausgegeben, in die man seinen Namen und die Höhe der Spende eintragen konnte. An der „Sammlung einer nationalen Spende" beteiligten sich aus der Region Oberrhein der Deutsche Luftflottenverein mit Sitz in Mannheim, der innerhalb weniger Tage 50.000 Mark zusammenbrachte, sowie der Oberrheinische Verein für Luftschiffahrt in Ludwigshafen. Prominenter Fürsprecher war dort der in Frankenthal aufgewachsene Geophysiker und Polarforscher Georg Ritter von Neumayer, der auf einer Solidaritätskundgebung eine Ansprache hielt und sagte, Deutschland könne stolz sein auf die Erfolge Zeppelins. Aus Oppenheim schickte Bürgermeister Hermann Schmidt folgendes Telegramm an den Grafen:

> Noch unter dem Eindruck, daß das Rheinufer bei Oppenheim am Fuße der alten Reichsburg Landskrone und der himmeltragenden Türme von St. Katharinen den ersten Ruhepunkt geboten auf Ihrer kühnen Fernfahrt durch die Lüfte, sendet Stadt und Bürgerschaft Oppenheims dem genialen Erfinder 2000 Mark als Beitrag zur Durchführung des nationalen Werkes.[44]

Der Aufsichtsrat der Farbwerke Höchst bewilligte 5000 Mark und die kostenlose Lieferung von Wasserstoffgas im Wert „für einige tausend Mark". Aber auch in Norddeutschland fanden Sammlungen zugunsten eines neuen Luftschiffes statt:

> In Bremen hat sich sofort nach dem Bekanntwerden der Unglücksbotschaft aus Echterdingen ein Komitee gebildet, dem eine Reihe in der Öffentlichkeit bekannter Männer angehören. Sie fordern in einem Aufruf die Bürger Bremens auf, durch eine vaterländische Spende, wozu jeder Betrag willkommen ist, Zeppelin den Bau eines neuen Ballons zu ermöglichen.[45]

Der König von Württemberg spendete 20.000 Mark, die gleiche Summe bewilligte die Stadtverwaltung Stuttgart, aus Breslau und Essen kamen jeweils 10.000 Mark, der bayrische Automobilklub gab 1000 Mark, der Bergbauverein in Essen sowie ein Senator aus Lübeck und der Industrielle Gustav Krupp von Bohlen und Halbach spendeten jeweils stolze 100.000 Mark, die Stadtsparkasse Bielefeld beteiligte sich mit 4300 Mark und ein „Ungenannter" aus Heidelberg steuerte 20.000 Mark bei. Alleine bis zum 7. August waren dank dieser reichsweit angelegten Sammelaktion 1,3 Mil-

Zu Zeppelins Förderern gehörte auch der Essener Industrielle Gustav Krupp von Bohlen und Halbach (1870–1950).

lionen Mark zur „Fortführung des Baues eines neuen Luftschiffes" eingegangen.

Auch die Zeitungen in Wien berichteten mit „aufrichtiger Teilnahme" über den Unfall, die amerikanische Presse bekundete „Sympathie und größte Bewunderung für Zeppelin", sogar die „englischen Blätter" brachten „spaltenlange Berichte" an „leitender Stelle" und meinten, „der endgültige Erfolg" sei nicht länger zu bezweifeln", was die letzte Fahrt bewiesen habe. Nur die Kommentare in der französischen Tagespresse klangen verhaltener. Da hieß es etwa, „der künftige, lenkbare Zeppelin-Ballon" werde „im Voraus dem Schicksal seines Vorgängers verdammt sein" oder: „Gegen elementare Ereignisse werden die Luftschiffe noch lange ungerüstet anzukämpfen haben. Immerhin sei vom technischen Standpunkt gegen Zeppelins Standpunkt manches einzuwenden."

Die Menschen am Oberrhein sahen in dem erstmaligen Erscheinen eines Zeppelins über ihren Köpfen ein triumphales Geschehen und fühlten sich als Zeitzeugen eines einmaligen „nationalen Ereignisses", gar eines „Weltwunders". In einer Zeit, die durch Nationalismus geprägt war, mischten sich oftmals Gefühle wahrer Begeisterung für ein technisches Wunderwerk mit Gefühlen deutscher Überlegenheit.

Tagelang war „Zeppelins Leidensweg" und die „Vernichtung des Zeppelinschen Luftschiffes" ein Thema in den Zeitungen. Ein geschichtlicher Rückblick wurde ausgebreitet, ebenso ausführlich wurde Aufklärungsarbeit im Stile von „Was die Fachleute sagen" geleistet. Tagelang wurden auch Spendenlisten veröffentlicht. Aufrufe wurden abgedruckt und bei spontanen Versammlungen oder gesellschaftlichen Veranstaltungen, in Vereinen und am Arbeitsplatz wurde an die Spendenbereitschaft der Deutschen appelliert.

Graf Zeppelin als „nationaler Held" fand über Ansichtskarten sehr schnell eine massenhafte Verbreitung (1908).

Dank etlicher Großspenden ergab die „Nationalspende" letztlich sechs Millionen Mark, einschließlich des Betrags von 500.000 Mark, den der Reichstag – und zwar unmittelbar vor dem Unglück am 5. August – für das Haushaltsjahr 1908 bewilligt hatte. Die Reichsregierung und insbesondere der Kaiser hatten die Erfolge bzw. bisherigen Misserfolge der Luftschiff-

München, 31. August 1908

13. Jahrgang No. 22

SIMPLICISSIMUS

Abonnement vierteljährlich 3 Mk. 60 Pfg. — Herausgeber: Albert Langen — In Oesterreich-Ungarn vierteljährl. K. 4.40

(Alle Rechte vorbehalten)

Die Volksspende für Zeppelin

(Zeichnung von O. Gulbransson)

„Wir können dem alten Herrn nicht so viel Geld in der Hand lassen. Wir wollen es ihm nach und nach geben, sonst übernimmt er sich."

Die Zeitschrift „Simplicissimus" vom 31. August 1908 sah die „Volksspende für Zeppelin" kritisch; unter der Karikatur steht geschrieben: „Wir können dem alten Herrn nicht so viel Geld in der Hand lassen. Wir wollen es ihm nach und nach geben, sonst übernimmt er sich." (Zeichnung von Olaf Gulbransson) fahrt seit Jahren aufmerksam verfolgt, und zwar unter dem Aspekt der militärischen Verwendung dieser lenkbaren Ballone.

Damit die vielen und hohen Geldbeträge auch ihrer Bestimmung gerecht werden konnten und nicht in dunklen Kanälen versickerten, ließ Graf Zeppelin unter dem Stichwort „Nationaler Luftschiffbaufonds für den Grafen Zeppelin“ ein Sonderkonto bei der Rentenanstalt in Stuttgart einrichten. Am 8. August veröffentlichten die Zeitungen reichsweit seinen Dank:

> Motorschäden und Mangel an Erfahrung in der Führung haben mich zwei Mal zum Landen auf dem begonnenen Dauerflug meines Luftschiffes genötigt. Auch die Landung auf festem Boden vollzog sich vollkommen glatt. Unerwartet aufgetretene elementare Gewalten haben dann das schöne Fahrzeug zerstört. Mittel und Wege sind bekannt, um solche Vorkommnisse immer seltener werden zu lassen, so daß die Luftschiffe bald zu den betriebssichersten Fahrzeugen zählen werden; das ist auch der begeisterte Wunsch des deutschen Volkes. Ein Wille beherrscht Alle, Hoch und Nieder, Alt und Jung: Alle verlangen, daß ich, ungebeugt durch den harten Schicksalsschlag, dem Vaterlande ein neues Luftschiff bauen soll, und alle spenden an Mitteln, was in ihren Kräften steht. Diese einmütige nationale Bewegung, die ihren Eindruck in der Welt nicht verfehlen wird, ergriff mich mit unwiderstehlicher Macht. Meine Wehmut ist in vollstes Glücksgefühl verwandelt, und in gerührtem Dank und in freudigster Begeisterung übernehme ich den mir von der Nation gewordenen Auftrag zum Wiederbau. Zur Sammlung der für einen Luftschiffneubau einkommenden Spenden habe ich die allgemeine Rentenanstalt in Stuttgart bestimmt, bei der eine besondere Rechnung unter dem Titel „Nationaler Luftschiffbaufonds für den Grafen Zeppelin“ geführt werden wird. Dahin bitte ich die Spenden richten zu wollen und werde ich die unmittelbar an mich gelangten leiten. Ich beabsichtige, den Herrn Reichskanzler um Bestimmung einer Kontrolle über die Verwendung des Fonds im Sinne der Spender zu bitten.[46]

Spätestens seit dem 4./5. August 1908 war der alte Graf in ganz Deutschland und darüber hinaus eine bekannte und beliebte Persönlichkeit, die als Volksheld verehrt wurde und der zahlreiche Ehrungen zuteilwurden. Große Erleichterung herrschte daher bei den Lesern über folgende Nachricht: „Graf Zeppelin hat sich seelisch und körperlich bereits wieder erholt. Der allgemeine Eindruck ist, dass er sofort an den Bau eines neuen Luftschiffes gehen wird.“ Seine Verbundenheit mit Zeppelin brachte mancher Gelegenheitsdichter wohlwollend zum Ausdruck:

> Zeppelin
>
> Trostlos? … Nein, sie kennen Dich nicht,
> Zwar zuckt und wettert Dir’s im Gesicht:
> Dass der Lohn Deiner Arbeit, der langen,
> Ein paar Fetzen Blech und verbogene Stangen –
> Wie ein wunder Löwe könntest Du schrei’n,
> Aber trostlos? Nein!

Sie haben Dich früher bekrittelt, belacht,
Es hat Dich niemals irre gemacht,
Sie haben Dir dann, als Du Großes errungen,
Lorbeer geflochten und Lieder gesungen,
Hat Dich geblendet des Ruhmes Schein?
Wir wissen's: Nein.

Mit dem Riesenroß hast Du gejagt,
Hast Du vielleicht zu viel gewagt?
Ein Augenblick – und dann Krach und Flammen!
Du aber beißest die Zähne zusammen,
Siebzig Jahr! Sollt ich's lassen sein?
Wieder und wieder: Nein.

Ich weiß keinen schlimmeren Ort der Welt,
Als dort bei Echterdingen das Feld.
Doch nicht den Blick an die Trümmer gehangen,
Kameraden, aufs Neue angefangen!
Ernst wird uns allen zu Mute sein –
Aber trostlos? Nein.

Im Sturm und Feuer saht ihr's vergeh'n,
Durch Sturm und Feuer soll's neu ersteh'n!
Durch stürmischen Geist und feurigen Eifer,
Doch durch neue Erfahrungen reifer.
So schaffen wir's, spricht einer: halt ein!
Aufhören? Nein![47]

Tatsächlich war Zeppelins Mut ungebrochen. Er selbst bezeichnete rückblickend den 5. August 1908 als „Geburtsstunde der nationalen Luftschiffahrt in Deutschland". Mit den Spenden gründete er im September die Luftschiffbau Zeppelin GmbH und im Dezember 1908 die noch heute bestehende Zeppelin-Stiftung. Generaldirektor des Konzerns wurde der 1873 geborene Ingenieur Alfred Colsman, Sohn eines Aluminiumproduzenten und Schwiegersohn von Carl Berg, dessen metallverarbeitendes Unternehmen in Lüdenscheid eine führende Rolle in der Aluminiumindustrie und damit im frühen Luftschiffbau spielte.

Bereits im Oktober 1908 begannen auf einem neu erworbenen Gelände bei Friedrichshafen-Waggershausen die Arbeiten für eine moderne Montagehalle und einen zeitgemäßen Landeplatz. Belohnt wurde des alten Grafen Tatkraft mit dem Besuch Kaiser Wilhelms II. am 10. November desselben Jahres in Friedrichshafen, bei dem das Staatsoberhaupt dem Geehrten den Schwarzen Adlerorden, den höchsten preußischen Orden, überreichte. Anlässlich dieser Ehrung soll der Kaiser zu Zeppelin gesagt haben: „Möge es uns allen vergönnt sein, dereinst auch wie Sie an unserem Lebensabend

Trotz des Unglücks auf der ersten Langstreckenfahrt im August 1908 diente das Luftschiff als Werbemotiv: Werbung eines Herrenbekleidungsgeschäfts in Worms (1909)

Kommerzienrat Alfred Colsman (1875–1955), Generaldirektor des Luftschiffbau-Konzerns (links); Unternehmer und Kommerzienrat Carl Berg (1851–1905) (rechts)

sagen zu dürfen, dass es uns gelungen ist, so erfolgreich unserem teuren Vaterland gedient zu haben."[48]

Auf dem neuen Areal bei Friedrichshafen siedelten sich nach und nach auch Zulieferbetriebe wie eine Aluminiumgießerei oder eine Wasserstoff-Fabrik an, die letztlich den Grundstock für die Industrialisierung dieser Bodenseeregion legten. Maßgeblich beteiligt an der wirtschaftlichen Expansion des Unternehmens war Alfred Colsman, der im Lauf der Jahre mehrere Tochterunternehmen gründete, unter anderem die Luftfahrzeug-Motorenbau GmbH, die Zeppelin-Hallenbau GmbH oder die Zahnradfabrik Friedrichshafen GmbH.

Die 1908/09 errichtete Werfthalle in Friedrichshafen für zwei Luftschiffe

Das erste Luftschiff, das dank der „Volksspende" errichtet werden konnte, war LZ 5, weitere 20 Zeppeline wurden bis 1914 gebaut. Im Herbst 1909 wurde die Deutsche Luftschiffahrts-Aktiengesellschaft (DELAG) in Frankfurt/Main gegründet, an deren Spitze Hugo Eckener und Alfred Colsman standen. Diese erste Fluggesellschaft der Welt war zuständig für den zivilen Luftschiffverkehr und initiierte die Vorläufer heutiger Flughäfen. Die erste Luftschiffhalle des Unternehmens entstand in Baden-Baden-Oos. Weitere frühe Standorte lagen bei Berlin, Köln, Kiel, Düsseldorf, München, Gotha sowie bei Hamburg und Frankfurt. 1914 wurden entsprechende Hallen vor Darmstadt und Mannheim errichtet. Die größte und schönste Luft-

Die Markthallen in der lettischen Hauptstadt Riga waren einst zwei Luftschiffhallen in Wainoden/Kurland.

schiffhalle der Vorkriegszeit stand in Dresden; sie bot mit 192 m Länge und 58 m Breite Platz für zwei Zeppeline!

Graf Zeppelin, dessen Arbeit Ende des 19. Jahrhunderts bescheiden in einer schwimmenden Montagehalle in der Bucht von Manzell bei Friedrichshafen begonnen hatte, hielt sich weitgehend aus diesem Geschäft heraus. 1910 jedoch machte er eine Ausnahme; er erwarb am Rande von Potsdam ein 25 Hektar großes Gelände. Dort entstand der vor allem in den späteren Kriegsmonaten wichtige Luftschiffhafen Potsdam mit der nach Inbetriebnahme größten Luftschiffhalle Deutschlands.

Die Jahrzehnte überdauert haben die im Ersten Weltkrieg gebauten Luftschiffhallen von Wainoden/Kurland. 1924 erwarb die Stadt Riga die beiden Hallen, ließ diese zerlegen und wieder aufbauen; sie dienen seit mehr als 90 Jahren als Markthallen für den Zentralmarkt der lettischen Hauptstadt.

Noch vor dem Krieg plante die DELAG sogar ein nationales Luftverkehrsnetz mit Zentrum in Braunschweig, von wo aus alle teilnehmenden Städte angefahren werden sollten. Doch wirtschaftlich wäre ein solches System zumindest in damaliger Zeit nicht sinnvoll gewesen, da die Start-/Landeplätze zu weit außerhalb der Städte lagen, die Fahrgastkapazitäten der Luftschiffe begrenzt und die Fahrten wetterabhängig waren. Die technischen und meteorologischen Unzulänglichkeiten hätten einen verlässlichen Fahrplan nicht gewährleistet; noch war in dieser Hinsicht der Eisenbahn-

Zentrumsabgeordnete bei Zeppelin: „Das ist schön, meine Herren, daß Sie mit mir fahren. Aber sagen Sie mir nur, was Sie mit ihren Netzen wollen?" – „Ja, wissen S', Herr Graf, mir schaug'n, ob mir net a paar Engel derwischen, bal mir do so nah beim Himmi vorbeifahr'n."

Simplicissimus, 14. Jg., Nr. 14, 5. Juli 1909 (Zeichnung E. Thöny)

„Manöver in den Lüften“ – Karte des Deutschen Luftflotten-Vereins, 1912 (oben)

Luftschiff LZ 7 „Deutschland“, am 19. Juni 1910 in Dienst gestellt, verunglückte bereits am 28. Juni 1910 (rechts)

Blick in die Passagierkabine der „Deutschland“, Juni 1910 (rechts unten)

verkehr alternativlos. Immerhin veranstalteten die DELAG-Zeppeline bis zum Kriegsausbruch 1914 rund 1500 Fahrten mit annähernd 35.000 Passagieren.

Parallel zur Professionalisierung des Luftverkehrs stieg die Produktion der Zeppelin-, Parseval- und der Schütte-Lanz-Luftschiffe kontinuierlich an. Auch wenn die Giganten der Luft in manchen Regionen eine noch immer seltene Himmelserscheinung waren, galten sie nicht mehr als Sen-

Das 1911 in Dienst gestellte Luftschiff „Schwaben“ war 140 m lang.

Ende März 1911 in Dienst gestellt, wurde LZ 8 „Deutschland II“ bereits Mitte Mai 1911 aufgrund einer Windböe auf dem Flughafenfeld Düsseldorf irreparabel beschädigt.

Graf Zeppelin in der Gondel der „Schwaben“ nach der Landung auf dem Cannstatter Wasen, 7. April 1911

1977 brachte die Volksrepublik Kongo fünf Sonderbriefmarken „Zeppelin“ heraus; ein Motiv war der „Schwaben“ gewidmet – 65 Jahre nach ihrem Ende!

Werbeplakat der Deutschen Luftschiffahrts-Aktien-Gesellschaft (DELAG), 1912

sation. Um dennoch einen Hauch von Einmaligkeit zu bewahren, gab die DELAG ihren Zeppelinen ab 1910 zusätzlich zu ihren Produktionsnummern Namen. Dies betraf die zu Passagierfahrten eingesetzten Luftschiffe, die im Dienste des Militärs fahrenden Zeppeline erhielten eine andere Nummerierung: So hieß LZ 7 „Deutschland“ (nach seiner Havarie über dem Teutoburger Wald bei Bad Iburg nannte sich der Nachfolger LZ 8 „Deutschland II“), LZ 10 trug den Namen „Schwaben“, „Victoria Luise“ war LZ 11, LZ 13, der planmäßig Fahrten nach Dänemark und Schweden unternahm, wurde „Hansa“ und LZ 17 „Sachsen“ genannt.

Die „Schwaben“, im Juni 1911 in Dienst gestellt, war 140 m lang und hatte einen Durchmesser von 14 m. Mit drei Maybachmotoren von insgesamt 450 PS erreichte sie eine Geschwindigkeit von ca. 70 km/h. Sie galt mit ihren in Mahagoniholz getäfelten Wänden und Perlmuttintarsien als

Zeppelin über Düsseldorf (1910)

besonders luxuriöses Luftschiff, das eine vorzügliche Küche und erlesene deutsche und französische Weine offerierte.

Mit ihr zu reisen glich einer Fahrt im Erste-Klasse-Wagen damaliger Schnellzüge. Die Strecke von Baden-Baden über den Schwarzwald ins elsässische Weißenburg kostete 200 Mark. Teurer war die Reise von Düsseldorf, dem Rheinlauf folgend, nach Baden-Baden; diese wurde für 400 Mark angeboten. Der durchschnittliche Jahresverdienst eines Arbeiters betrug zu dieser Zeit rund 1850 Mark, ein „mittlerer Beamter“ verdiente etwa 2900 Mark,

d. h. ein solches Vergnügen konnten sich nur die „Besserverdienenden“ leisten. 4354 Passagiere kamen in den Genuss, mit der „Schwaben“ zu reisen; Ende Juni 1912 verunglückte sie auf dem Flugfeld bei Düsseldorf, hinter ihr lagen 224 Fahrten mit insgesamt 27.321 km.

Der Schriftsteller Hermann Hesse verglich die Zeppelin'schen Luftschiffe mit Raubvögeln. (Datierung unbekannt; das Bild dürfte aus den 1950er Jahren stammen)

Zu den ersten Passagieren der „Schwaben“ gehörte der damals in Gaienhofen am Bodensee lebende Schriftsteller und spätere Literaturnobelpreisträger Hermann Hesse, der bereits am 1. Juli 1908 erstmals einen Zeppelin gesehen hatte und dabei feststellte: „… ein merkwürdiges Wunder: das große Luftschiff von Zeppelin, das über uns wegflog und rauschte wie ein Raubvogel.“ Im Juli 1911 war er von der Zeppelingesellschaft zu einer zweistündigen Rundfahrt eingeladen worden. Fasziniert von diesem „grenzüberschreitenden Abenteuer“ berichtete er den Lesern des „Neuen Wiener Tagblatts“ seine „Spazierfahrt in der Luft“:

> Es dauerte nicht lange, so konnten wir einsteigen, eine bequeme kleine Holztreppe hinan, und merkwürdigerweise war dabei gar kein neues und fremdes Gefühl, weder Erregung noch Bangen, sondern es war die einfachste und vergnüglichste Sache von der Welt, da einzusteigen und in der eleganten luftigen Kabine auf den behaglichen Rohrstühlen Platz zu nehmen, wo man saß wie in einem sehr bequemen Speise- oder Aussichtswagen. Die Arbeiter waren emsig an den Seilen beschäftigt, die vielen Zuschauer drängten sich neugierig um das Schiff, Touristen mit Gemsbärten am Hut und sonntägliche Radfahrer betrachteten sich das Ereignis, und wir Passagiere saßen stolz und kühl in unserer Kabine …
>
> Die Menschenmenge wurde klein und komisch, die Stadt Friedrichshafen wurde erstaunlich übersichtlich und niedlich, auch die riesige Ballonhalle sank zu einem belanglosen Fleck zusammen. Dafür aber ging uns das Reich der Lüfte auf, und die Welt wurde erstaunlich groß und weit, wir sahen nahe und ferne Städte still um den See stehen, der auch an Größe verlor, und die großen Zusammenhänge der Landschaft, die Formen der Ufer, das Niedersinken der Berge von den Arlberger und Graubündner Alpen über die Vorberge und Uferhügel hinweg wurden klar, der Rhein war keine Vedute mehr, sondern in seiner Größe, Bedeutung und Geschichte zu übersehen, weit hinauf, und bis zur Mauer der hohen Gebirge hin ordnete sich und klärte sich die mir seit Jahren wohlvertraute Gegend so überraschend und einfach, wie manchmal einem Studierenden nach langer Kleinarbeit ganz plötzlich Gefüge und Zusammenhang der Dinge sichtbar wird.

> Wir flogen mit einer Schnelligkeit, die wir nur am eilig dahinrasenden Schatten des Luftschiffes annähernd schätzen konnten, über den See gegen Bregenz hin, über Wasserburg, Bad Schachen und Lindau weg, und waren plötzlich schon in Bregenz. In der Kabine war trotz der weiten, nicht verglasten Fenster kaum eine Spur von Luftzug zu bemerken, sobald man indessen den Kopf oder Hände aus dem Fenster streckte, brauste die Luft wie ein Sturmwind vorüber. Unter uns wich nur der See, mit seichtem, wildem Binsenufer und sumpfigen Öden, und wir fuhren über Land, sahen Dächer und Höfe, Menschen und Tiere in wunderlicher Verkürzung ... Wir in der Kabine fanden uns vom Lärm der Maschine gar nicht belästigt, hie und da bei seitlichem Wind ein flüchtiger Benzingeruch war alles, von Vibration kaum eine leise Spur ...
>
> Wenn der Deutsche sich sehr erhoben fühlt, so trinkt er Sekt, und Sekt war auch im Luftschiff zu haben und wurde hübsch und nett serviert, und er war auch sehr gut, aber ich fand diese Beigabe doch als das einzige Stillose und Entbehrliche an der Fahrt.
>
> Die Rückfahrt ging noch rascher, mit drei Motoren, und es war mir und uns allen viel zu früh, als wir nach zwei Stunden wieder über die Halle schwebten und vom Ameisengewimmel der Arbeiter empfangen wurden, die die ausgeworfenen Seile fingen und festhielten. Dabei flogen wir dicht über den Wipfeln eines Föhrenwäldchens hin und scheuchten noch einen Bussard auf.
>
> Ich verstehe nichts von der Technik, und ich weiß nicht, wie weit es Graf Zeppelin noch bringen wird. Ich schließe die Augen und fühle wieder das schwebend leichte, weiche Reisen durch die Luft, ich genieße wieder den Anblick der weit erschlossenen Landschaft und das Gefühl des Draußenseins aus allen irdischen Kleinigkeiten; und ich weiß gewiß: sobald ich wieder Gelegenheit finden werde zu fliegen, werde ich es mit tausend Freuden tun.[49]

Wesentlich mehr Passagiere hatten Gelegenheit mit LZ 11, dem im Februar 1912 auf den Namen der einzigen Tochter des Kaisers getauften Zeppelin „Viktoria Luise“ zu reisen. Prinzessin Viktoria Luise, im September 1892 geboren, war solche Ehrungen gewohnt; bereits anlässlich ihrer Einschulung im Jahre 1899 wurde in Berlin-Schöneberg ein Platz nach ihr benannt. Sie war Namensgeberin von Straßen, der „SMS Viktoria Louise“, einem Schulschiff der Kaiserlichen Marine, und des ersten Kreuzfahrtschiffes der Welt. Noch heute nennt sich das Gymnasium in Hameln, die einstige „Höhere Mädchenschule“, Viktoria-Luise-Gymnasium. Das der jungen Prinzessin gewidmete Luftschiff war ein Schwesterschiff der 148 m langen LZ „Schwaben“ und hatte eine Reisegeschwindigkeit von rund 60 km/h. Von Frankfurt/Main aus unternahm dieser Zeppelin ab März 1912 Passagierfahrten innerhalb Deutschlands und bot in der Passagierkabine höchsten Komfort. Zur Verfügung stand den 20 Reisenden auch ein Toilettenraum, durch große Klappfenster konnte ungehindert nach allen Himmelsrichtungen Ausschau gehalten werden.

Das Luftschiff „Viktoria Luise“ begleitet eine Regatta bei der Kieler Woche 1913. (oben)

„Viktoria Luise“ in ihrem Heimathafen Friedrichshafen, 1913

Als „Luftreisewagen“, ein „D-Zug-Wagen 1. Klasse mit vorzüglicher Bedienung“, wurde „Viktoria Luise“ den Interessierten vorgestellt: „Man kann von dem Luftkellner bekommen, was das Herz begehrt.“ Das Restaurant an Bord der „Viktoria Luise“ bot: Kraftbrühe (1,25 M), Straßburger Gänseleber (3 M), westfälischen Schinken (2,50 M), pommersche Gänsebrust (2,50 M), französisches Masthuhn (12 M), kalten Aufschnitt (2,50 M). Dazu gab es „Wormser Liebfrauenmilch Kirchenstück Auslese“. Gepriesen wurde die Reise als ein großartiges Ereignis – wenn auch „ein

„Viktoria Luise" bei der Landung in Worms am 28. September 1913

Prinzessin Viktoria Luise, Namensgeberin des Zeppelins „Victoria Luise", in der Uniform der Totenkopfhusaren des 2. Leib-Husaren-Regiments Königin Viktoria von Preußen Nr. 2 aus Danzig, dessen Regimentschef sie ab 1909 war. (Oktober 1909)

etwas kostspieliges Erlebnis für gewöhnlich Sterbliche".

Mit Kriegsbeginn wurde die „Viktoria Luise", nach annähernd 500 Passagierfahrten mit rund 9800 Gästen und nach 54.000 km vom Militär übernommen und zu Aufklärungszwecken eingesetzt. Doch bereits im Oktober 1915 verunglückte sie als Schulschiff beim Einhallen auf dem Luftschiffhafen Liegnitz/Niederschlesien. Die Namensgeberin übrigens verstarb erst 1980 im Alter von 88 Jahren, zu ihren heute noch lebenden Enkeln zählen unter anderem Königin Sophia von Spanien, Konstantin II., ehemaliger König von Griechenland, und Ernst August Prinz von Hannover.

6. Erstlandungen in Berlin und Wien

Berlin, 29. August 1909

> Hurra, hurra, hurra, der Zeppelin ist da!
> Ein weißes Luftschiff seh' ich da!
> Zwei Gondeln hängen dran!
> Hurra, der Zeppelin ist ein Mann!
>
> „Wormser Zeitung", August 1908

Rund ein Jahr, nachdem größere Teile der Bevölkerung am Oberrhein erstmals ein Luftschiff zu Gesicht bekommen hatten, besuchte Graf Zeppelin endlich auch die Reichshauptstadt. Dazwischen lag der Bau eines neuen Fahrzeugs, mit dem die für das Heer vorgesehene Fernfahrt absolviert werden sollte. Diese fand Ende Mai 1909 statt und führte nach Leipzig. Insgesamt 38 Stunden Fahrzeit und rund 1200 km hatte LZ 5 problemlos zurückgelegt. Mit dieser Rekordfahrt waren die vom Militär geforderten Bedingungen erfüllt und das Luftschiff unter der Bezeichnung Z II vom Heer übernommen. Dieses war in Köln stationiert, der bereits erworbene Z I ankerte in Metz.

Das Militärluftschiff Z1 über der Stadt Metz

Mit dem Erlös konnte LZ 6 gebaut werden, mit dem Ludwig Dürr nach Berlin fuhr. Die Landung in der Hauptstadt war für Samstag, den 28. August 1909, vorgesehen:

> Berlin war bereits vom frühesten Morgen ab im frohesten Festestrubel drin. Alle öffentlichen Gebäude hatten geflaggt, auf den Straßen und in den Restaurants herrschte ein Getriebe wie nur bei den größten Feiertagen, und schon in den Vormittagsstunden setzte die Völkerwanderung nach dem Tempelhofer Felde ein …
>
> Zahlreiche große Geschäfte hatten für den Nachmittag ihren Angestellten freie Stunden versprochen, der Magistrat beglückte die Schuljugend mit einem kleinen Erinnerungsgeschenk. Die Straßenhändler machten Geschäfte wie noch nie. Mit einem Worte: ein Volksfest.[50]

Das 1908 eingeweihte repräsentative Bahnhofsgebäude in Metz spiegelt in seinen Ornamenten auch Verkehrsgeschichte wider; an einer Säule lässt sich auch ein Zeppelin entdecken.

Doch wegen Reparatur der Propeller bei einem Zwischenstopp in Bitterfeld, wo planmäßig Graf Zeppelin zustieg, verzögerte sich die Ankunft um einen Tag. Der Überlieferung nach sollen „ganz Berlin" – eine Stadt mit rund drei Millionen Einwohner – und eine Million Besucher den damals noch als „Z III" bezeichneten Zeppelin erwartet haben. Ausführlich berichtete die Presse, so auch die „Berliner Börsen-Zeitung":

> Die Majestäten und die kaiserliche Familie … beobachteten von den Fenstern des Offizierskasinos des Augusta-Garde-Regiments das Herannahen des Luftschiffes und dessen Manöver. Über eine Viertelstunde zog „Z III" in einer Höhe von 150 bis 200 m seine majestätischen Kreise, dann flog er in etwas beschleunigtem Tempo nach Norden zu, um auch dem übrigen Teil Berlins sein Werk sehen zu lassen …
>
> Nachdem das Königliche Schloß passiert war, wandte sich das Schiff nach dem Friedrichshain, wo eine große Menge Schulkinder zur Begrüßung des Ballons Aufstellung genommen hatte. Das Luftschiff machte dort verschiedene Wendungen, nahm dann wieder die Richtung über das Rathaus nach der Leipziger Straße über die Friedrichsstadt hinweg nach dem Tiergarten und dann über Moabit nach Norden.

Der Tegeler Schießplatz war seit den frühen Morgenstunden gesperrt.

Um 1 Uhr 15 Minuten kamen in Automobilen vom Tempelhofer Feld der Kaiser, die Kaiserin ... Um 1 Uhr 40 Minuten erschien „Z III" über dem Ostrand des Exerzierplatzes, machte einen Bogen nach Norden und schwenkte dann von Norden nach dem Ankerplatz ein. Um 1 Uhr 45 Minuten wurde aus der vorderen Gondel das erste Tau geworfen ...

Um 1 Uhr 51 Minuten berührte die vordere Gondel den Erdboden, und während der Kaiser den Grafen Zeppelin begrüßte, intonierte die Militärkapelle „Deutschland, Deutschland über alles".

Nachdem der Bürgermeister seine Rede geschlossen hatte, sagte der Kaiser: „Seine Exzellenz Graf Zeppelin Hurra! Hurra! Hurra! Die Anwesenden stimmten begeistert in das Hurra ein. Alsdann besichtigte der Kaiser, während die Kapelle konzertierte, die Gondeln und die Art der Verankerung.

Hierauf begaben sich die Majestäten, welche den Grafen in ihre Mitte genommen hatten, zum Automobil ...[51]

Die erste Landung eines Zeppelins in Berlin am 29. August 1909

Für den Grafen vom Bodensee und weitere Ehrengäste gab der Kaiser im Charlottenburger Schloss eine „Frühstückstafel". Am Nachmittag reiste der Gastgeber „nach Swinemünde zu den Flottenmanövern" und Zeppelin fuhr mit dem Zug zurück nach Friedrichshafen. An den Berliner Bürgermeister Dr. Georg Reicke telegrafierte er:

> Nicht um mehrere Jahre meines Lebens möchte ich die Stunden des Hinunterschauens auf die meiner im festlichen Schmuck harrende Riesenstadt und den Eindruck missen, daß die Herzen der dort unten winkenden und rufenden Millionen in zündender Begeisterung mir und meinem Werke zugewendet waren.[52]

Begegnung Kaiser Franz Josephs mit Zeppelin in Friedrichshafen am 30. August 1909 (oben)

1911/12 landete die „Schwaben" mehrfach in Berlin. (rechts)

Während am 30. August der Zoologische Garten ein „Zeppelin-Fest" veranstaltete, musste das auf dem Rückweg bei Bülzig nahe Wittenberg gestrandete Luftschiff repariert werden. Ungeachtet dieses Zwischenfalls sandte der Präsident des Deutschen Handelsstages an Graf Zeppelin folgendes Telegramm:

> Industrie und Handel Deutschlands beglückwünschen Eure Exzellenz aufs herzlichste zu dem jüngsten großen Erfolg in der Luftschiffahrt. Eure Exzellenz haben mit der trotz aller Hindernisse erfolgreich durchgeführten Fahrt nach der Reichshauptstadt erneut den Beweis praktischer Verwendbarkeit des Luftschiffes er-

> bracht. Dadurch haben Eure Exzellenz der für Industrie und Handel so wichtigen Entwicklung des Verkehrs neue Wege gewiesen und der Menschheit die Aussicht auf neue Kulturfortschritte eröffnet.[53]

Kaum zu Hause angekommen, begegnete Graf Zeppelin einer weiteren Majestät: Am 30. August 1909 traf er erstmals den österreichischen Kaiser Franz Joseph während dessen „Bodenseefahrt" in Friedrichshafen. Dieser begutachtete das Werftgelände und zeigte sich beeindruckt von Zeppelins Leistung, äußerte aber „sein lebhaftes Bedauern über das Nichterscheinen des Luftschiffes am heutigen Tage".[54] „In einem scherzhaften Gesprächstone", so die Presse, habe „Kaiser Franz Joseph den Grafen Zeppelin für das kommende Frühjahr zu einem Besuch mit seinem Luftschiff in Wien eingeladen".[55]

Besuch des Bundesrates und Reichstages bei Zeppelin

Als „Gegenbesuch des deutschen Volkes beim Grafen" wurde die Reise von Angehörigen des Reichstages und des Bundestages an den Bodensee bezeichnet. Dort wollten die Politiker am 4. September 1909 „die epochemachende Erfindung des genialen Sohnes Bodans am Orte ihrer Entstehung in Augenschein nehmen und sich von der Brauchbarkeit möglichst selbst durch Probefahrten" überzeugen. Die Gäste aus ganz Deutschland fuhren von Friedrichshafen mit Bodenseedampfern nach Manzell und besichtigten dort die Montagehalle. Die 88 per Los ausgewählten Passagiere, unter denen sich auch die Ministerpräsidenten von Bayern und Württemberg sowie die Repräsentanten der Städte, die Zeppelin die Ehrenbürgerwürde verliehen hatten, befanden, hatten dann Gelegenheit, in Kleingruppen mit dem LZ 6 über dem Bodensee zu schweben.[56]

Die auf der Rückseite der Einladungskarte abgedruckte Zeiteinteilung sah folgendes Programm vor:

11.00 Uhr vorm. Versammlung am Hafen in Friedrichshafen (Reiseanzug).

11.30 Dampfbootabfahrt nach Manzell zur Besichtigung des Luftschiffs und seines Aufstiegs.

12.30 Weiterfahrt in Begleitung des Luftschiffs, Richtung Überlingen-Konstanz; Frühstück an Bord.

2.15 Landung am Schlosshafen Friedrichshafen; Besuch der Werftanlagen am Riedlepark; Landung des Luftschiffs daselbst.

4.00 Abfahrt vom Stadthafen Friedrichshafen nach Lindau.

5.30 Diner im Bayerischen Hof in Lindau.

Fahrt der Reichstags- und Bundestagsmitglieder im LZ 6 (Z III) über Lindau am 4. September 1909 (Gemälde von Michael Zeno Diemer [1867–1939])

Gegen 21 Uhr trafen sich dann alle 300 geladenen Gäste im Inselhotel Konstanz zu einem feierlichen Abendessen. Prof. Dr. Hermann Paasche, Vizepräsident des Reichstags, ehrte den Gastgeber:

> Ew. Exzellenz rastloser, zielbewußter und opfervoller Arbeit ist ein großes Werk gelungen, von dem noch vor einem halben Menschenalter niemand zu sprechen gewagt hätte. Das deutsche Volk jubelt Ew. Exzellenz zu als dem Pfadfinder auf neuen Bahnen. Heute ist im ganzen Vaterlande kein Mann populärer als Graf Zeppelin. Das ganze Volk nimmt in stolzer Freude an den Erfolgen Ew. Exzellenz teil …
>
> Wir alle, die wir die heutigen Veranstaltungen sehen und den Flug in die Lüfte mitmachen konnten, sind beseelt von den Gefühlen aufrichtiger Dankbarkeit und Bewunderung. Es eröffnen sich für die Zukunft weite ungeahnte Perspektiven, und wenn zu ihrer Verwirklichung Forderungen an den Reichstag herantreten sollten, so wird er sich trotz Finanzmisere gerne bereitfinden lassen, unsere große Kulturaufgabe zur Ehre und zum Ruhme, des deutschen Volkes zu fördern. Mögen Ew. Exzellenz zu den bisherigen Erfolgen neue große hinzufügen und das Erreichte noch lange genießen! Seine Exzellenz Graf Zeppelin lebe hoch![57]

Fahrt nach Wien (Juni 1913)

Bereits für den 9. Juni 1910 war – als (nachträgliche) Huldigung zu Kaiser Franz Josephs 80. Geburtstag – eine Fahrt in die österreichische Hauptstadt vorgesehen, die wegen ungünstigen Wetters bzw. wegen des späteren Unglücks des für diese Strecke vorgesehenen Luftschiffes „Deutschland" abgesagt werden musste. Erst auf den Tag genau vier Jahre später erfolgte, ausgehend von Baden-Baden-Oos über Esslingen, Ingolstadt, Landshut, Linz und St. Pölten, die 760 km lange Reise mit der „Sachsen" nach Wien. An Bord waren neben Graf Zeppelin auch Ludwig Dürr, Alfred Colsman und der junge Ernst August Lehmann, der in diesem Jahr gerade zum Luftschiffführer ausgebildet worden war, sowie Hugo Eckener, der bei Grenzübertritt die schwarz-gelbe Fahne Österreichs[58] am Schiff hisste. Bevor die „Sachsen" gegen 15 Uhr auf dem im Jahr zuvor neu errichteten, sieben Kilometer östlich der Innenstadt gelegenen Flugfeld Aspern landete, vollbrachte sie über Schloss Schönbrunn und damit über dem auf dem Balkon stehenden Kaiser „mehrere Manöver". Zuvor waren 25 Radfahrer mit Plakaten durch alle Bezirke der Stadt gefahren, mit denen sie auf den besonderen Gast hinwiesen: „Zeppelin ist auf dem Weg nach Wien. Landung heute 3 Uhr nachmittags."

Auf dem Landeplatz wurde die Besatzung von Erzherzog Eugen und dem Wiener Bürgermeister Dr. Richard Weiskirchner empfangen. Dieser sandte nicht nur ein Telegramm an Zeppelins Frau Isabella, in dem er ihren

Dokument der Verkehrsgeschichte: Eisenbahn mit Zeppelin und frühem Flugzeug über Friedrichshafen; Ansichtskarte von 1911

Mann als „heißersehnten Gast“ bezeichnete, sondern ließ den allseits verehrten Besucher hochleben:

> Wir bewundern an Ihnen die Energie, mit der Sie Ihr erhabenes Ziel verfolgt haben, und danken Ihnen, weil Sie in patriotischer, in deutscher Gesinnung gearbeitet haben, Ihrem deutschen Vaterlande zur Ehre und zum Ruhme.[59]

Die deutschsprachigen Zeitungen berichteten ausführlich über die Erstlandung Zeppelins in Österreich, die in der Hauptstadt bei schönstem Wetter als Volksfest begangen wurde. So huldigte die „Freie Presse Wien“ dem fast 75-jährigen Grafen als „europäische Figur“. Seine Fahrt sei nicht nur „eine Schaustellung eines unermüdlichen Erfindungsgeistes, sondern auch eine Kundgebung gegenseitiger Bundestreue“:

> Denn auch sein Schiff ist die Frucht aus der Verbindung zwischen Wissenschaft und Werktätigkeit, durch die es dem deutschen Volke gelingen konnte, in so vielen Zweigen der Technik und der Industrie sich bis zur Spitze aufzuschwingen. Ein willkommener Gast ist Graf Zeppelin. Er bringt uns ein Zeichen der Bundestreue. Er kommt aus der Nähe des Vorderrheins, der einst österreichisches Gebiet war. Ein Gruß dem Grafen Zeppelin und seinem Schiff.[60]

Als Gast des Kaisers übernachtete Zeppelin im Hotel Imperial, am nächsten Tag, dem 10. Juni 1913, wurde er von Franz Joseph zum Mittagessen in Schloss Schönbrunn empfangen. Auch in Berlin, Luftlinie nur 524 km von Wien entfernt, berichtete die Presse über diese Begegnung:

> Kaiser Franz Joseph hat dem Grafen Zeppelin das Ehrenzeichen für Kunst und Wissenschaft verliehen. Heute mittag ließ Bürgermeister Dr. Weiskirchner dem Grafen Zeppelin das ihm zur Erinnerung an den Flug von der Stadt Wien gewidmete Ehrengeschenk überreichen. Das Geschenk besteht aus einer Goldkassette, dem Rathause, um dessen Turm das Zeppelin-Luftschiff schwebt, eingraviert ist. Die in Gold eingravierte Widmung erinnert an den Besuch des Grafen Zeppelin. Graf Zeppelin war sichtlich erfreut über die Aufmerksamkeit und sagte, er sei von der Stadtvertretung und der Bevölkerung Wiens mit so viel Liebe und Ehrungen überschüttet worden, daß er keine Worte finden könne, um seinem herzlichen Dank Ausdruck zu geben.[61]

Unter Führung von Hugo Eckener fuhr die „Sachsen" bereits am 10. Juni 1913 zurück nach Friedrichshafen, während Graf Zeppelin mit der Bahn die Heimreise antrat. „Auslandsfahrten" waren in diesen Jahren etwas Besonderes, daher kam der Zeppelin-Fahrt nach Wien eine besondere Bedeutung zu: Sie galt als sichtbares Symbol der innigen Verbundenheit zwischen dem jahrhundertealten Habsburgerreich und dem noch recht jungen Deutschen Kaiserreich. Erst viele Jahre später, nach dem Untergang der Monarchie, in völlig anderen Zeiten, konnten die Wiener wieder einen Zeppelin über Wien bestaunen: Am 2. Mai 1929 überfuhr LZ 127 „Graf Zeppelin" die Stadt, zuvor hatte schon die Bevölkerung von Graz dem Luftschiff zugejubelt. Im Unterschied zu 1913 wurde diese Fahrt über das noch junge Massenmedium Rundfunk angekündigt und begleitet. Nach Jahren des Krieges und den Bestimmungen des Versailler Vertrages, der ausdrücklich einen staatlichen Zusammenschluss von Deutschland und Österreich untersagte, sollte die Fahrt auch eine politische Aussage beinhalten und das Zusammengehörigkeitsgefühl beider Völker betonen. Zudem wollte der Luftschiffführer, Dr. Hugo Eckener, den Österreichern für ihre Zuwendungen anlässlich der von ihm 1924 initiierten „Zeppelin-Eckener-Spende" danken, mit deren Hilfe der LZ 127 im September 1928 in Dienst gestellt worden war. Mit diesem ersten Nachkriegsluftschiff für den deutschen Luftverkehr unternahm er dann zwei Jahre später eine „Österreichfahrt": Am Sonntag, dem 12. Juli 1931, landete

LZ 127 „Graf Zeppelin" kurz nach einer Landung

Im Bild eine Werbung der Firma Zoeppritz für die berühmte Zeppelindecke aus Kamelhaar, die Geschichte schrieb: Im Oktober 1928 konnte nämlich mit der Zeppelindecke LZ 127 der Absturz des Luftschiffs Graf Zeppelin (LZ 127) auf seinem ersten interkontinentalen Flug verhindert werden, als ein Teil der Zeppelinaußenwand während des Fluges beschädigt wurde. Acht zusammengenähte Zoeppritz-Decken wurden als Ersatzwand eingesetzt und retteten so das Leben vieler Passagiere. Behutsam modernisiert, wurde die Double-face-Decke in Merino-Cashmere-Mischung unter dem Namen „Hero" vor wenigen Jahren neu aufgelegt.

Die Route der Spanienfahrt der LZ 127 „Graf Zeppelin" im April 1929: In nur 57 Stunden absolvierte das Luftschiff nach dem Start am Bodensee 5405 Kilometer, wobei es der Reiseroute Basel–Bordeaux und danach dem Küstenverlauf der Iberischen Halbinsel folgte, bis es schließlich über Nizza und Lyon wieder nach Friedrichshafen gelangte.

in den frühen Morgenstunden „Graf Zeppelin" in Wien-Aspern. Bei der Begrüßung rühmten alle Redner das „technische Wunder" des Luftriesen und „den Mut der Führer". Dr. Eckener, so das „Neue Wiener Tagblatt" in seiner ausführlichen Würdigung, erwiderte,

> die Herzlichkeit des Empfangs habe alle Erwartungen übertroffen. Sie bezeuge das kulturelle Gemeinschaftsgefühl der beiden deutschen Staaten. Der kategorische Imperativ des herben Norddeutschen Kant zusammen mit der südlichen Heiterkeit Mozarts ergebe erst das deutsche Wesen.[62]

Nach einem kurzen Aufenthalt erfolgte eine achtstündige Rundfahrt über Österreich, an der zahlreiche Ehrengäste teilnahmen, unter anderem Bundespräsident Wilhelm Miklas, Nationalratspräsident Dr. Karl Renner und der seit einem Monat amtierende Bundeskanzler Dr. Karl Buresch. Nach erneuter Landung in Wien am Abend kehrte „Graf Zeppelin" zu seinem Ausgangsort Friedrichshafen zurück, wo das Luftschiff kurz nach Mitternacht planmäßig eintraf.[63]

7. Zeppelin, der Nationalheld: Ehrenbürgerwürden und Auszeichnungen

Im Juni 1913 bezeichnete der Wiener Bürgermeister Graf Zeppelin als „europäische Figur", bereits im August 1909 hatte die „Berliner Börsen-Zeitung" den Luftfahrtpionier mit Bismarck vergleichen.[64] Ohne Zweifel: Um 1910 war Zeppelin der deutsche Nationalheld, so bekannt wie die anderen „Helden" jener Jahre: Kaiser Wilhelm II. oder der 1898 verstorbene ehemalige Reichskanzler Otto von Bismarck.

Zeppelin gehörte zu den meist verehrten und geehrten Männern seiner Zeit. Innerhalb von 50 Jahren erhielt er hohe militärische und zivile Auszeichnungen. Seinen ersten militärischen Orden verdiente er sich im Preu-

Täuschend echt wirkende Nachbildungen von Luftfahrtpionieren im Verkehrsmuseum Dresden, v. lks. n. rechts: Wilhelmine Reichard, Ballonpionierin; Ferdinand von Zeppelin, Luftschiffbauer; Otto Lilienthal, Gleitflugpionier; Hans Grade, Flugzeugskonstrukteur; Hugo Junkers, Luftfahringenieur und Unternehmer; Uwe Strohdeicher, Flugkapitän, stellvertretend für alle heutigen Piloten

Grußkarte mit Graf Zeppelin anlässlich seines 75. Geburtstages 1913

Am 12. Februar 1906 hatte der württembergische König Wilhelm II. dem Grafen Zeppelin dieses Wappen verliehen.

ßisch-Österreichischen Krieg von 1866, die letzte Würdigung zu Lebzeiten war die Verleihung des Eisernen Kreuzes Erster Klasse am 21. April 1915. Dazwischen lagen 30 Auszeichnungen der Königreiche Bayern („Goldene Prinzregent Luitpold-Medaille mit Krone"), Württemberg („Großkreuz des Friedrichs-Ordens"), Preußen („Kronenorden I. Klasse") und Sachsen („Hausorden der Rautenkrone"), der Großherzogtümer Baden („Goldene Badische Medaille für Kunst und Wissenschaft am Band des Ordens Berthold des Ersten"), Hessen-Darmstadt („Großkreuz des Verdienstordens Philipps des Großmütigen"), Mecklenburg („Großkreuz mit der Krone in Gold des Hausordens der Wendischen Krone") und Sachsen-Weimar-Eisenach („Komtur des Hausordens vom Weißen Falken"). Aber auch das benachbarte Ausland zollte dem Luftfahrtpionier Respekt: Mit der Ernennung zum Ritter der Ehrenlegion erhielt er die ranghöchste Auszeichnung Frankreichs, hohe Ehrenzeichen verliehen ihm ebenso Österreich („k.u.k. Österreichisch-Ungarisches Ehrenzeichen für Kunst und Wissenschaft"), Russland („Orden des Heiligen Wladimir III. Klasse") und Dänemark („Großkreuz des Dannebrog-Ordens"). Aufgrund seiner wissenschaftlichen Verdienste ernannte die Technische Hochschule

Der Reichskanzler und der Luftschiffkonstrukteur sind sich zwar nie begegnet, galten beide aber als nationale Helden im Kaiserreich. Im Bild: Ein Zeppelin über dem 1906 errichteten Hamburger Bismarckdenkmal

Dresden Zeppelin zum Ehrendoktor (1906), anlässlich seines 70. Geburtstages zogen die Juristische Fakultät und die Philosophische Fakultät der Universität Leipzig mit dieser besonderen Ehrung nach, ebenso die Technische Hochschule Stuttgart und die Universität Tübingen (1908).

Der 70. Geburtstag Zeppelins wurde reichsweit gewürdigt. Sein Landesherr, der württembergische König Wilhelm II., schrieb dem Jubilar nach Girsberg, wo dieser seinen Geburtstag verbrachte:

> Ich habe heute ein besonders starkes Bedürfnis, Ihnen meine aufrichtigsten und herzlichsten Glückwünsche zu senden. Ich weiß, daß diese guten Wünsche von meinem ganzen Lande geteilt werden. Wir alle blicken mit Stolz und Bewunderung

> auf Sie. Ich wünsche Ihnen noch viele, viele weitere Jahre. Ich mache mir selbst die Freude, Ihnen heute die goldene Medaille für Kunst und Wissenschaft zu verleihen, als ein äußeres Zeichen meiner tiefen Verehrung für Sie.[65]

Anlässlich seines Ehrentages erschien eine erste Biografie über den Luftfahrtpionier mit dem bezeichnenden Titel „Graf Ferdinand von Zeppelin – ein Mann der Tat".[66] Bereits im Jahr zuvor hatte die Stadt Friedrichshafen ihren bekanntesten Mitbewohner zum Ehrenbürger ernannt, anlässlich des 70. Geburtstages überreichte diese hohe Auszeichnung nun auch die Stadt Konstanz dem „ruhmreichen Reiteroffizier", dem „tatkräftigen Ingenieur und bahnbrechenden Erfinder auf dem Gebiete der Luftschifffahrt". Sogar die Stadt Worms, im Großherzogtum Hessen gelegen, ernannte den Grafen zu ihrem Ehrenbürger; Anlass hier war die erste Fahrt eines „Zeppelins" über der alten Domstadt Anfang August. In seiner Ansprache vom 7. August 1908 bewertete der Wormser Oberbürgermeister Heinrich Köhler die Erfindung des Luftschiffes als „ein Kulturwerk von der allergrößten Bedeutung":

> Ich habe die Sitzung in einer Angelegenheit einberufen, die alle Gemüter in Deutschland aufs lebhafteste bewegt. Und diese Angelegenheit ist dringlich insofern, als es wohl unser aller Empfinden ist, es sei notwendig, dem Grafen Zeppelin so rasch wie möglich die Sympathie des deutschen Volkes zum Ausdruck zu bringen, auf daß er unseren ehrlichen Willen zu treuer Mithilfe erkenne. Auch die Stadt Worms, die den Grafen zu seiner Tat herzliche Glückwünsche darbrachte, will nun nicht länger zaudern, ihre Teilnahme an jenem tiefbeklagenswerten Ereignis zu bezeigen, was das große Werk vernichtete ...

Der Stadtrat genehmigte eine Spende von 5000 Mark für die Herstellung eines neuen Luftschiffes und beschloss, „den Grafen Zeppelin aufzunehmen in die Zahl unserer Ehrenbürger". Diesem wurde folgendes Telegramm geschickt:

> Die Stadt Worms hat Eure Exzellenz bei der Triumphfahrt durch die rheinischen Lande mit Jubel und Begeisterung begrüßt. Die Frage der Schaffung eines lenkbaren Luftschiffes ist glänzend gelöst. Die Stadtverordneten-Versammlung der Stadt Worms hat Eure Exzellenz in Anerkennung dieser großen Tat soeben einstimmig zum Ehrenbürger der Stadt ernannt. Sie hat ferner einstimmig beschlossen, als Beitrag für die Neuschaffung des Luftschiffes die Summe von Mk. 5000,– zur Verfügung zu stellen, welcher Eurer Exzellenz mit den gesammelten freiwilligen Gaben der gesamten Bürgerschaft in Kürze zugehen wird.

Das Dankschreiben des Geehrten, das am 11. August in Friedrichshafen geschrieben an den „Hochwohlgeborenen Herrn Oberbürgermeister Köhler" gerichtet war, lautet:

Wir, Gemeinderat und Bürgerausschuß der Stadt Friedrichshafen beurkunden und bekennen hiemit, daß wir den einstimmigen Beschluß gefaßt haben,

Sr. Exzellenz dem Herrn Grafen
Dr. Ing. Ferdinand v. Zeppelin,
General der Kavallerie z. D., zur Zeit hier,

in Anerkennung seiner Verdienste, welche er einerseits durch sein allgemein anerkannt großes Werk, die Erbauung seines, den bis jetzt existierenden Fahrzeugen weit überlegenen Luftschiffs, um das Wohl des weiteren und engeren Vaterlandes, und andererseits durch die Ausführung seines Werkes am hiesigen Platze der Stadt gewordene Förderung ihrer wirtschaftlichen Interessen sich erworben hat, und zum Beweis der Verehrung, welche ihm von allen Schichten der hiesigen Einwohnerschaft entgegengebracht wird, das

Ehrenbürgerrecht der Stadt

zu verleihen.

Gegeben zu Friedrichshafen, den 8. Oktober 1907.

Gemeinderat: Vorstand: | Bürgerausschuß: Obmann:

In freudiger Erinnerung und zum dauernden Gedächtnis an den großen Augenblick, in dem das Luftschiff über die Stadt und ihren altehrwürdigen Dom dahinflog, hat die Stadt Worms

Seine Exzellenz
den Herrn Grafen von Zeppelin

in Verehrung und Bewunderung für seine Großtat zu ihrem Ehrenbürger ernannt.

Hierüber Urkunde. Worms, 7. August 1908.

Großh. Bürgermeisterei: | Die Stadtverordneten:

Ehrenbürgerurkunde der Stadt Friedrichshafen (1907) (links) ... und der Stadt Worms (1908)

Sehr verehrter Herr Oberbürgermeister!

Hat mich schon Ihre gütige Mitteilung von der jubelnden Begeisterung der alten Kaiserstadt Worms mit großer Freude erfüllt, so fühle ich mich tief und dankbar bewegt durch meine Ernennung zum Ehrenbürger der Stadt Worms. Ich bitte Sie, sehr verehrter Herr Oberbürgermeister, für diese mir zu Teil gewordene hohe Ehre meinen wärmsten und aufrichtigsten Dank entgegenzunehmen und diesen der gesamten Bürgerschaft zum Ausdruck bringen zu wollen. Desgleichen verpflichtet mich die Nachricht, daß mir die Stadtverordneten-Versammlung die reiche Gabe von Mk. 5000.– zum Neubau eines Luftschiffes zur Verfügung gestellt hat, zu wärmstem Dank. Ich darf wohl in diesem Beschluß den Beweis dafür erblicken, daß trotz der Vernichtung meines Luftschiffes das Vertrauen zu meinem Werk in der Stadt Worms nicht erloschen ist, und ich hoffe, durch meinen Neubau mich dieses ehrenden Vertrauens würdig zu zeigen. Genehmigen Sie, sehr verehrter Herr Oberbürgermeister, den Ausdruck meiner vollkommensten Hochachtung und Wertschätzung.

In dankbarer Ergebenheit Graf von Zeppelin,
Ehrenbürger der Stadt Worms

Dem Wormser Beispiel folgten innerhalb der kommenden Jahre die Städte Stuttgart (1908), München (1909), Lindau (1909), Baden-Baden (1910) und Ulm (1912).

Graf Zeppelin war außerdem Rechtsritter des Johanniterordens, Ehrenpräsident des „Königlich Württembergischen Yacht-Clubs", Ehrenmitglied des „Studentischen Luftflotten-Vereins" und zahlreicher weiterer Vereine wie dem „Physikalischen Verein zu Frankfurt a. M.", dem „Bayerischen

Physikalischer Verein · Frankfurt a/M.
Gegründet 24 November 1824.
URKUNDE
über die
EHREN-MITGLIEDSCHAFT
von
Herrn Dr. ing. Graf v. Zeppelin, Exzellenz.

Ehrenurkunde des Physikalischen Vereins zu Frankfurt (1907)

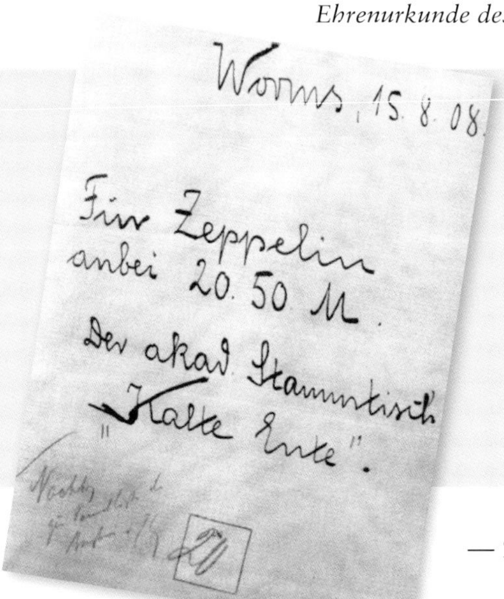
Worms, 15. 8. 08.
Für Zeppelin
anbei 20.50 M.
Der akad. Stammtisch
„Kalte Ente".

Ohne die große Spendenbereitschaft der Deutschen wären Zeppelins Visionen wohl kaum Realität geworden. Im Bild ein „Spendenbeleg" des akademischen Stammtisches „Kalte Ente" in Worms vom 15. August 1908.

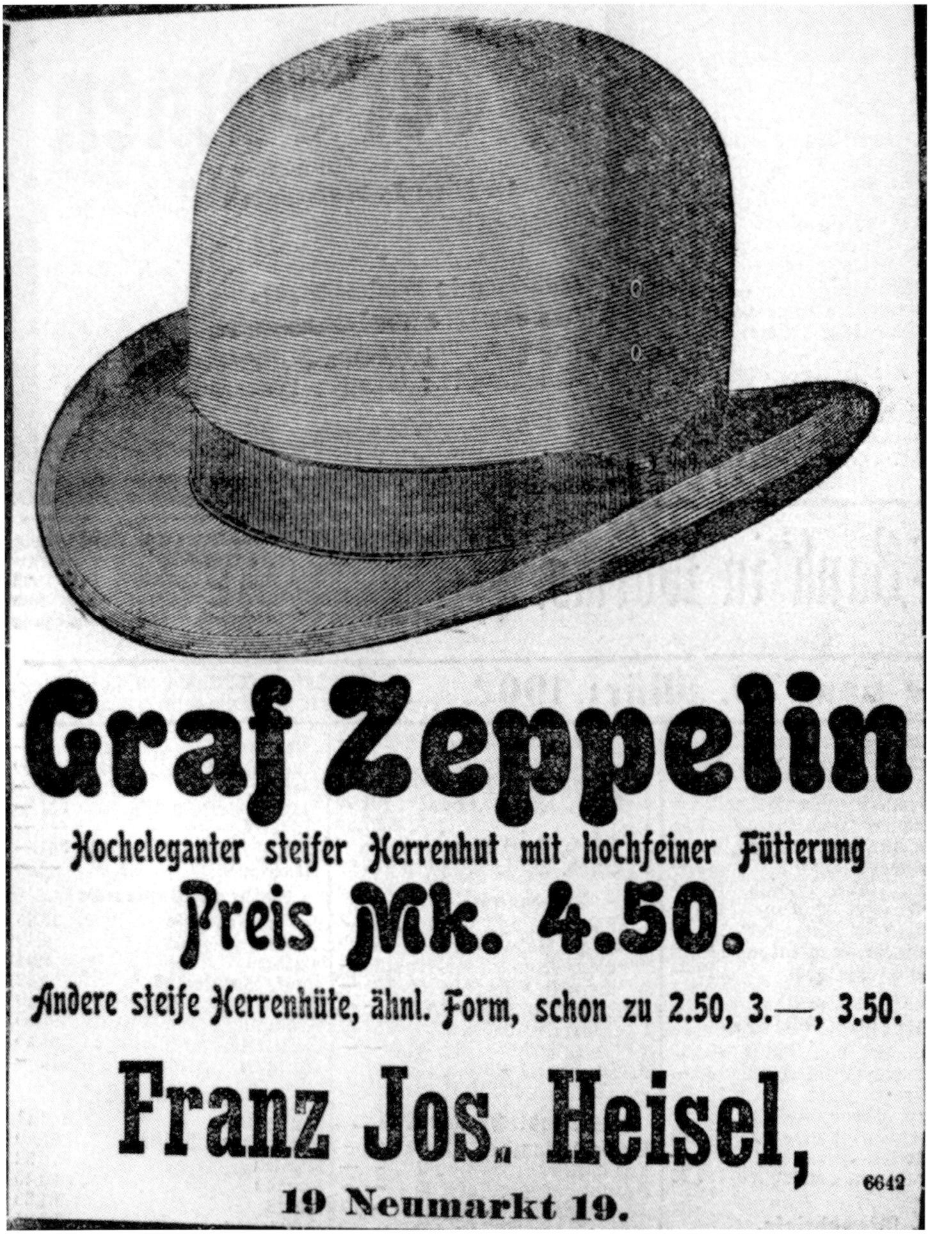

Werbung für „Graf Zeppelin-Hüte" (1910)

Veteranen-Verein" oder dem „Verein ehemaliger Kameraden des Luftschiffer-Bataillons" und dem Bodenseegeschichtsverein. Wenige Tage vor seinem Ableben wurde er zum Ehrenmitglied des Deutschen Museums München ernannt.[67]

Die Huldigungen in Form von Auszeichnungen, Urkunden, Grußadressen, Diplomen und Glückwunschschreiben grenzte fast an die Bismarck-Verehrung in den 1890er Jahren. Der allseits beliebte Zeppelin genoss als kühner Held des Deutsch-Französischen Krieges, als wagemutiger Heros der Lüfte, kurzum als „Nationalheld“ zu Lebzeiten, große Anerkennung im Volk. Diese Verehrung ging sogar so weit, dass im August 1909 ein Ehepaar aus Neuwied seine Tochter „Zeppelina“ nennen und 1910 ein Mitglied des Wormser Fastnachtsvereins Narrhalla seine Tochter auf den Namen Zeppeline taufen lassen wollte; diese Wünsche untersagten jedoch beide Standesämter.

Graf Zeppelin als Figur des „lehrreichen Fragespiels“ „Aus dem Lebenswerke großer deutscher Männer“ (1910)

Und wie Fürst Bismarcks Porträt als gütiger alter Herr im Stile Franz von Lenbachs in zahlreichen Wohnzimmern des Bürgertums hing, so hatte dort auch Graf Zeppelin in dunklem Anzug und mit weißer Marinemütze Platz gefunden; er war quasi zum Familienmitglied erkoren. In vielfältiger Weise wurde Zeppelins Name vereinnahmt und vermarktet. Es gab die „Zeppelinwurst“, die auch zur Bordverpflegung der Luftschiff-Besatzung gehörte, Wirtshäuser und Hüte wurden nach dem ungekrönten König der Lüfte benannt. Zahlreiche Veröffentlichungen wie „Zeppelin. Der Mensch. Der Kämpfer. Der Sieger“ beschrieben den Geehrten als einen der größten Volkshelden der deutschen Geschichte. Um 1910 war er Gegenstand des „lehrreichen Fragespiels“ „Aus dem Lebenswerke großer deutscher Männer“ – neben General von Hindenburg, Friedrich Schiller und Richard Wagner zierte sein Angesicht sogar die Vorderseite des Spieldeckels. Im Jahre 1903 komponierte der Militärmusiker Carl Teike einen Marsch, den er ursprünglich „Teutonen-Marsch“ nannte, dann

Ausschnitt eines Notenblatts „Graf Zeppelin-Marsch"

Schelllackplatte „Graf Zeppelin-Marsch" (1930)

Deckblatt des 1903 von Carl Teike komponierten „Zeppelin-Marschs"

aber dem von ihm bewunderten Grafen Zeppelin widmete. Noch heute gehört der „Zeppelin-Marsch“ zum Standardrepertoire der Militärmusik der deutschen Luftwaffe und auch im Ausland ist er unter den Bezeichnungen „The Conqueror“ oder „Marsch der Luftflotte“ ein Inbegriff traditionsreicher deutscher Marschmusik.

Bei allen Bevölkerungsschichten war der Graf Gesprächsthema, die meisten Menschen zollten ihm Respekt und Anerkennung, jedoch ging manchem Zeitgenossen die „Zeppelinbegeisterung“ zu weit. Zu den Skeptikern gehörte auch Hildegard Freifrau von Spitzemberg, die als Gattin eines württembergischen Gesandten am preußischen Königshof in Berlin eine kritische Beobachterin des Zeitgeschehens war. 1898 notierte sie in ihrem Tagebuch über den fünf Jahre älteren Zeppelin:

> Er ist ebenfalls hier und sehr glorios, sein Luftschiff verwirklicht zu sehen, was ich ihm auch sehr gönnen mag; wenn man ihn aber sieht und reden hört, will es einem undenkbar erscheinen, daß dieser konfuse, sich ewig verheddernde Mann ein Problem dieser Art sollte lösen können.[68]

Zehn Jahre später, Zeppelin war inzwischen in die Luft gestiegen, missbilligte die Baronin wenige Wochen nach dem Unglück von Echterdingen Kaiser Wilhelms allzu euphorische Äußerung über den Luftfahrtpionier:

> Und nun nennt er Zeppelin den größten Deutschen des 20. Jahrhunderts – kein Augenmaß! Gut nur, daß dieses Jahrhundert erst acht Jahre alt ist – da können zum Glück noch recht viele Nebenbuhler des braven Ferdinand heranwachsen.[69]

Ende August 1909 notierte die Baronin, Augenzeugin der Landung Zeppelins in Berlin, folgende Zeilen in ihr Tagebuch:

> Die Begeisterung für Zeppelin und seine Fahrt nach Berlin ist ein so eigenartiges, psychologisches Symptom, daß ich immer darüber nachdenken muss und doch keine völlig genügende Erklärung dafür finde. Wenn man liest, daß Zeppelin-Eichen gepflanzt werden, daß nach seiner Lieblingsblume gefragt und diese dann, natürlich und künstlich überall angebracht wird, die Nelke, wie seinerzeit die Kornblume des alten Kaisers; wenn hier eine Menge Fremder und Einheimischer gestern morgen fünf Uhr auf die Bahn eilten und den alten Herrn, der zufällig einen Augenblick ausgestiegen, vor Begeisterung kaum wieder in den Zug ließen; wenn unsere Helene mit den Kindern gestern blindlings auf den Höhen umherfuhr in der Hoffnung, das Luftschiff zu „sichten“, so greift man sich an den Kopf, denkend, unser deutsches Volk ist übergeschnappt! Denn wenn man ruhig nachdenkt, entspricht das Maß des Enthusiasmus weder der Leistung des Mannes noch dem errungenen Ziele, und wenn man wahr und wirklich, weil die Fahrt an Goethes Geburtstag stattfand und kurz vor dem Sedanstage, Zeppelin mit Goethe und Bismarck und ihren Leistungen vergleicht, so will mir das fast wie eine Blasphemie erscheinen. Gewiß, die schlichte Art, mit der Zeppelin, von allen Seiten angefeindet und verlacht, jahrzehntelang ausgeharrt hat und still seinem Ziele entgegenging, verdient die größte Bewunderung, und mehr noch, daß er so ruhig und sachlich

Professoren und Studenten der Universität Tübingen gratulieren Zeppelin am 18. Juli 1908 zu seinem 75. Geburtstag in Friedrichshafen.

> und bescheiden den maßlosen Huldigungen gegenübersteht – denn gerade das hätten wir, seine Jugendbekannten und Landsleute, ihm nicht zugetraut. Über ein Jahr währt nun diese einmütige und tatkräftige Begeisterung aller Alter, Schichten, Provinzen, und sie ist ganz spontan, nicht angeschürt, nicht offiziell – woher kommt das? Gewiss ist es fast ein Wunder zu nennen, daß man heute im Luftschiff vom Bodensee nach Berlin fährt, worüber man vor 25 Jahren noch gelächelt hätte; aber welchen Nutzen bringt dieser „Sieg" der Menschheit? Selbst für Kriegszwecke ist er noch sehr problematisch und doch vorerst für wirklichen Verkehr oder ernste wissenschaftliche Zwecke gleich null. Und doch dieser Jubel, Zeppelin wie ein Held, ein Heiland gefeiert und angebetet! „Kein Augenmaß" – sagte Bismarck vom jungen Herrn und kein Augenmaß ist auch das Wahrzeichen dieses Zeppelinrausches.[70]

Im Juli 1913 wurde Zeppelin anlässlich seines 75. Geburtstages in ganz Deutschland groß gefeiert. Die Presse würdigte sein Lebensweg und auch die Majestäten im Land schickten Glückwunschtelegramme nach Friedrichshafen, so der bayerische Prinzregent, der König von Württemberg oder der Reichskanzler. Auch Kaiser Wilhelm II., der einst Zeppelin als den „Dümmsten aller Süddeutschen" bezeichnet hatte, gratulierte:

> Meine wärmsten Glückwünsche zur heutigen Vollendung Ihres 75. Lebensjahres. Kaiser und Reich sind stolz auf den kühnen Beherrscher des Luftmeeres. Mögen

Der „Zeppelinrausch" spiegelte sich auch in einer Vielzahl von Postkarten wider (1911).

> Sie sich Ihrer jährlich wachsenden Erfolge noch recht lange in Gesundheit und Jugendfrische erfreuen.[71]

Wie einst 1895 die Menschen nach Friedrichsruh pilgerten, um Bismarck anlässlich seines 80. Geburtstages zu huldigen[72], so gratulierten nun Abordnungen von Vereinen, Schulklassen und 700 Professoren und Studenten, die im Sommer 1908 eigens mit Sonderzügen von Tübingen nach Konstanz gekommen waren, einem der bekanntesten lebenden Deutschen zum 70. Geburtstag.[73]

„Gruß von der Musterung" (1912)

Die Stadt Friedrichshafen beschloss sogar die Gründung eines Zeppelinmuseums! Der Graf dankte für die zahlreichen Ehrungen, Huldigungen und Glückwünsche und stiftete seinerseits 10.000 Mark, die den Grundstock für die im selben Jahr gegründete Zeppelin Wohlfahrt GmbH bildeten. Mithilfe dieses für damalige Verhältnisse modernen Sozialwerks entstand zwischen 1914 und 1919

Zwischen 1914 und 1919 entstand bei Friedrichshafen das „Zeppelindorf".
Die Siedlung steht seit 1991 unter Denkmalschutz.

Das Zeppelindorf in einer Aufnahme aus dem Jahre 1920

in Nähe des Werftgeländes eine Siedlung aus 33 Einzel- sowie 79 Doppel- und Reihenhäusern mit großen Gärten für die Betriebsangehörigen. Das Zeppelindorf stellte nicht nur günstigen Wohnraum zur Verfügung, sondern förderte auch das Gemeinschaftsgefühl der Bewohner: Ein (noch heute bestehender) „Dorfkrug", eine „Konsum-Anstalt", eine Metzgerei, eine Gärtnerei, eine Kohlehandlung, eine Badeanstalt, ein Wöchnerinnenpflegeheim und eine Bücherei boten vielfältige Anreize für die Mitarbeiter des Unternehmens. Seit 1991 unter Denkmalschutz, zeugt das idyllisch gestaltete Zeppelindorf noch heute von der sozialen Verantwortung des Unternehmens. Anlässlich des 100-jährigen Jubiläums der Zeppelin-Stiftung im Jahre 2008 entstand in Friedrichshafen ein zwölf Kilometer langer Zeppelin-Pfad, der anschaulich über neun Stationen mit Infotafeln die vom Zeppelin-Unternehmen geprägte Geschichte der Stadt erlebbar macht; das Zeppelindorf stellt innerhalb dieses aufschlussreichen Geschichtsweges die siebte Station dar.[74]

8. Zeppelin(e) im Ersten Weltkrieg

> Flieg, Zeppelin, flieg!
> Hilf uns im Krieg.
> Fliege nach Engeland,
> Engeland wird abgebrannt,
> Flieg, Zeppelin, flieg!
>
> „Liller Kriegszeitung", Dat. unb.

Bei aller Achtung und Bewunderung, die die englische Presse der ersten Fernfahrt des Zeppelins vom August 1908 entgegengebracht hatte, sie verschwieg damals nicht die Gefahr, die von Luftschiffen ausgehen könne:

> Andererseits könne man als noch nicht erwiesen ansehen, daß Lenkballons auch für Verkehrs- und Kriegszwecke zu verwenden sind. Nur das eine stehe fest, daß man mit Hilfe von lenkbaren Luftschiffen keine Invasionsarmee nach England bringen könne, sondern noch auf festes Land angewiesen sei. Hier und besonders im Festungskrieg sei der Lenkballon von größter Bedeutung. [75]

Bereits Jahre vor seiner ersten Langstreckenfahrt hielt Zeppelin seine Flugschiffe für Kriegszwecke tauglich, sie könnten, meinte er noch als Berufssol-

Ein Zeppelin überquert einen Verband der deutschen Hochseeflotte.

dat, dem Einsatz für Verpflegung vorgeschrittener Heere dienen. Die offiziellen Stellen dagegen, allen voran Kaiser Wilhelm II., plädierten für den Ausbau der Flotte. Alle führenden Nationen setzten bei der Marine ihre Luftschiffe ein, Deutschland zudem beim Heer. Allerdings war der Aktionsradius der kleinen englischen Pralluftschiffe gering. Sie dienten lediglich zur Nahaufklärung über See und in den Flussmündungen, für Angriffsfahrten über deutsches Territorium wurden sie nicht eingesetzt. Nur die österreichisch-ungarische Heeresverwaltung verzichtete mit Kriegsbeginn auf den Einsatz von Luftschiffen und baute die vorhandene Luftschifferabteilung in eine reine Fliegertruppe um.

Zur Propaganda des Ersten Weltkrieges gehörten auch die plattdeutschen Kriegsgedichte, so auch „Zeppelin kummt“ von Gorch Fock (1915).

Alfred von Tirpitz, Staatssekretär im Reichsmarineamt und Großadmiral, war, wie aus nachfolgendem Briefwechsel hervorgeht, skeptisch über den militärischen Einsatz von Luftschiffen. Ihm hatte Matthias Erzberger, Zentrums-Politiker und seit 1903 Abgeordneter des Reichstages, am 27. August 1912 geschrieben:

> Euer Exzellenz!
>
> Entschuldigen, wenn ich Ihre Ferien störe; aber es handelt sich um eine dringende, wichtige Sache! Förderung unseres Luftschiffbaues. Das neue Marineluftschiff wird einen ungeheuer großen Fortschritt darstellen. Da scheint mir die Zeit gekommen zu sein, wo man zum systematischen Bau einer Luftflotte übergeht; denn mit der heutigen Art nutzen wir unsern Vorsprung nicht aus. Der Schöpfer der deutschen Flotte sollte auch der Schöpfer der deutschen Luftflotte sein und werden! Man braucht einen festen Bauplan mit allem Zubehör, wenn wir an der Spitze bleiben wollen, unter Umständen niedergelegt in einem Gesetze. Die Kosten sind nicht zu groß, mit 30 Millionen Mark können in 3 Jahren 18–20 Schiffe gebaut nebst 9–10 Hallen zu je 2 Schiffen für diese, samt den Kosten der Indiensthaltung für 250 bis 300 Tage …

Deutsche Landungsunternehmung gegen die Inseln Ösel, Dagö und Moon, 12.–20. Oktober 1917 („Unternehmen Albion"): Das Luftschiff SL 8 überfliegt das Schlachtschiff SMS Großer Kurfürst.

Admiral Alfred von Tirpitz (1849–1930), Staatssekretär im Reichsmarineamt

> Also könnte mit 30 Millionen Mark ungemein viel für den Frieden und unsere Sicherheit geschehen. Das Geld dafür ist vorhanden … Ein systematisches Vorgehen würde einen großen Wurf darstellen, sonst geht es wie der Flotte bis 1898. Indem ich Eurer Exzellenz gute Erholung wünsche, bin ich in hochachtungsvoller Begrüßung Eurer Exzellenz ergebener
>
> M. Erzberger, M. d. R.[76]

Großadmiral Tirpitz, der sich ablehnend gegenüber „dem Zeppelinrausch, der durch Deutschland ging", verhielt, antwortete:

Sehr geehrter Herr Erzberger!

Für Ihren Brief vom 27. August, der mich außerordentlich interessiert hat, sage ich Ihnen meinen besten Dank. Mit großer Freude habe ich daraus ersehen, daß Sie in gleicher Weise wie für Heer und Marine auch ein warmes Interesse für die Nutzbarmachung der Luftschiffahrt im vaterländischen Wehrinteresse besitzen. Ich fürchte freilich, so schnell wie Sie es in Ihrem Briefe ausführen, wird sich die neue Waffe doch nicht schieben lassen. Nach Erledigung der Wehrvorlagen des letzten Jahres wird man nicht mit Unrecht verlangen, daß die geforderten Zeppelins bezüglich ihrer Verwendung auf hoher See und an der Küste erst mal erprobt werden. Wäre das nicht notwendig, würde man einen begründeten Vorwurf gegen die Regierung erheben, daß sie eine größere Forderung für die Luftschiffahrt ... nicht bereits im vorigen Jahre bei den Wehrvorlagen gestellt hat. Eine eingehende Erprobung, verbunden mit Bereitstellung und Ausbildung des erforderlichen Personals ist auch nach meiner festen Überzeugung unbedingt erforderlich, wenn wir nicht schwere Rückschläge erleiden sollen. Eine militärische Verwendung in großem Stil wird noch manche große Schwierigkeit mit sich bringen, aber kommen wird es vielleicht dazu, nur nicht von heute auf morgen, wie es Ihr patriotisches Herz erstrebt und vor Augen sieht.

Mit freundlichem Gruß
Ihr sehr ergebener v. Tirpitz[77]

Doch nur wenige Wochen später, Mitte Oktober 1912, übernahm der Großadmiral in Anwesenheit Graf Zeppelins das erste Luftschiff für die Marine (L 1). Die beim Heer eingesetzten Zeppeline erhielten zunächst zur taktischen Kennzeichnung ein „Z“ und eine römische Ziffer (Z I), die Bezeichnungen bei der Marine lauteten „L“ plus arabische Ziffer (L 1).[78] Starker Gewitterregen ließen dieses Marineluftschiff im September 1913 vor der Küste Helgolands in die Nordsee stürzen, nur fünf Wochen später verunglückte aufgrund einer Motorexplosion L 2 kurz nach dem Aufstieg vom Flugplatz Johannisthal bei Berlin. Sieben bzw. 28 Besatzungsmitglieder kamen bei diesen Unfällen ums Leben. Es waren die ersten Zeppelinunglücke mit Todesopfern und sie bedeuteten vorerst einen tiefen Rückschlag für die militärische Luftfahrt; für Graf Zeppelin stellten sie eine große persönliche Enttäuschung dar.

Doch bei Kriegsbeginn am 1. August 1914 hoffte Zeppelin, inzwischen 76 Jahre alt, dass seine Erfindung nun als „Wunderwaffe“ gegen den Feind eingesetzt werden könne. Seine Luftschiffe sollten eine „bedeutungsvolle Aufgabe“ übernehmen und einen „großen Teil der englischen Flotte“ vernichten. An Kaiser Wilhelm schrieb er: „In Deutschland erwartet man allgemein, dass ich den ersten Flug über London mitmachen sollte.“[79] Sein Ansinnen wurde zwar zurückgewiesen, doch sein Unternehmen profitierte von den staatlichen Aufträgen; insgesamt produzierte es 88 Zeppeline während des Krieges.

Die bislang friedlich über den Städten schwebenden und vielfach bestaunten Zeppeline mutierten nun, wie in einem modernen Science-Fiction-Roman, zu Waffen, die Bomben fallen ließen. Noch hatten sie gegenüber den Flugzeugen einen technischen Vorsprung: Sie verfügten über eine größere Reichweite, konnten eine höhere Bombenlast transportieren und bei vergleichbarer Geschwindigkeit größere Höhen erreichen, somit oberhalb der Wolkendecke fahren. Mittels eines herabgelassenen Spähkorbs und über Bordtelefon konnte dann ein Beobachter die Navigation des Schiffes übernehmen.

Andererseits waren die Luftschiffe wegen ihrer Gasfüllung höchst empfindlich und ihrer Größe wegen ein leichtes Ziel, sodass sie bereits ab Herbst 1914 nur noch in der Dunkelheit eingesetzt wurden; ab Sommer 1916, mit der Erfindung des Phosphorbrandgeschosses, galten sie als leichte Beute. Die Marine setzte ihre Luftschiffe hauptsächlich für Aufklärungsfahrten ein, das Heer für Angriffsfahrten. Der größte Luftschiffstützpunkt während des Krieges befand sich in Nordholz bei Cuxhaven, wo 1913/14 die weltgrößte Doppeldrehhalle errichtet worden war, die es den Zeppelinen ermöglichte, bei jeder Windrichtung zu starten bzw. zu landen. Außer dem Kommandanten bestand die Besatzung eines Luftschiffes in der Regel aus

Propagandapostkarten mit dem „siegreichen Zeppelin“ machten Stimmung gegen England (1914).

Britische Propagandapostkarte von 1916 mit dem Text: „Das Ende des ‚Baby-Killers'". Zum Hintergrund: Die Opfer, die Luftangriffe durch Zeppeline unter der englischen Zivilbevölkerung forderten, brachte den Luftschiffen den Beinamen „Baby-Killer" ein.

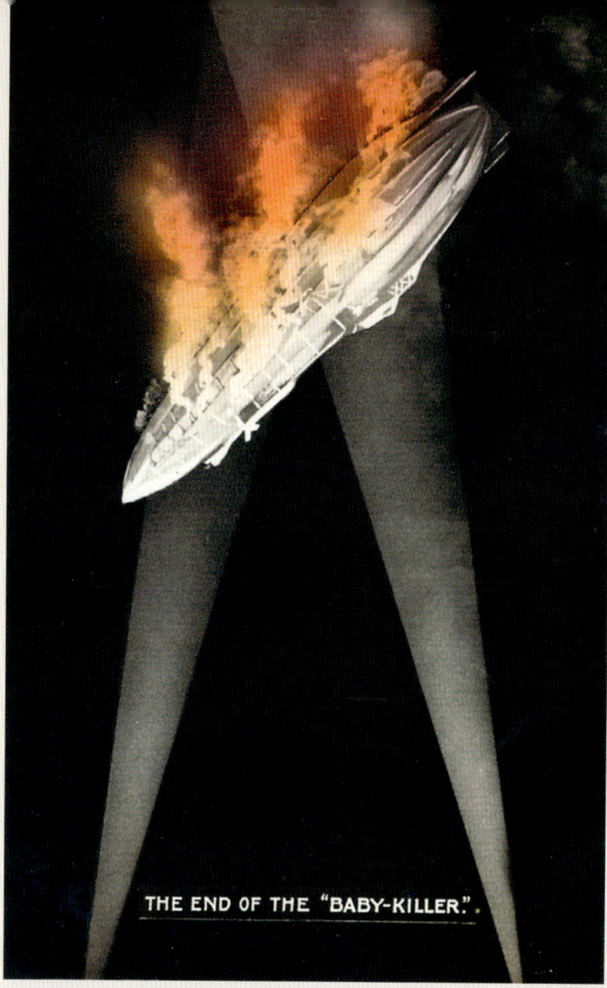

Deutsche Propagandapostkarte (1914)

Englisches Propagandaplakat aus dem Jahre 1915, das einen Zeppelin über den Nachthimmel von London zeigt; illuminiert von Suchscheinwerfern. „Es ist besser", so der Text, „unter Beschuss zu stehen, als zu Hause durch eine Bombe getötet zu werden. Trete der Armee bei und helfe, einen Luftangriff zu stoppen. Gott segne den König."

Luftschiffhalle Nordholz, Aufnahme aus dem Jahr 1916 (links oben); Fregattenkapitän Peter Strasser (1876–1918) plante als „Führer der Luftschiffe“ den Einsatz der Marineluftschiffe im Ersten Weltkrieg (oben); Geschwader gegen England (1915) (links unten)

dem 1. Offizier, fünf Steuerleuten, einem Funker, einem Segelmacher und zehn Maschinisten.

Bereits am 6. August 1914 eröffnete Z VI den Luftkrieg mit Bombenabwürfen über Lüttich, gravierender waren die Schäden, die einen Monat später L 17 über Antwerpen anrichtete. Hinter dieser Bezeichnung verbarg sich die ehemalige „Sachsen“, die mit Kriegsbeginn, wie auch die Passagier-Zeppeline „Viktoria Luise“ und „Hansa“, durch das Militär übernommen worden waren, ebenso gingen alle bislang zivil genutzten Luftschiffhallen in militärischen Besitz über. Ein halbes Jahr später, am 19. Januar 1915, begann L 4 den Luftkrieg über England mit Bombardierung einiger Küstenstädte in der Grafschaft Norfolk. Am 31. Mai wurden erstmals Spreng- und Brandbomben über London abgeworfen.

Diesen Einsatz plante der Marineoffizier Peter Strasser, der als offiziell ernannter „Führer der Luftschiffe“ mit der bewussten Bombardierung ziviler Ziele im Stadtzentrum Londons England zur Kapitulation zwingen wollte.[80] Für die Bevölkerung bedeutete diese Art der Kriegführung eine

Der Untergang des deutschen Marineluftschiffes L 19 am 2. Februar 1916 in der Nordsee; links im Bild der englische Fischdampfer „King Stephen“ (zeitgenössische englische Darstellung), dessen Kapitän der Mannschaft des niedergegangenen Luftschiffes die Rettung aus Seenot verweigerte, was zur Folge hatte, dass die Besatzung mit dem Wrack umkam.

Kanone in Führergondel eines Marineluftschiffes

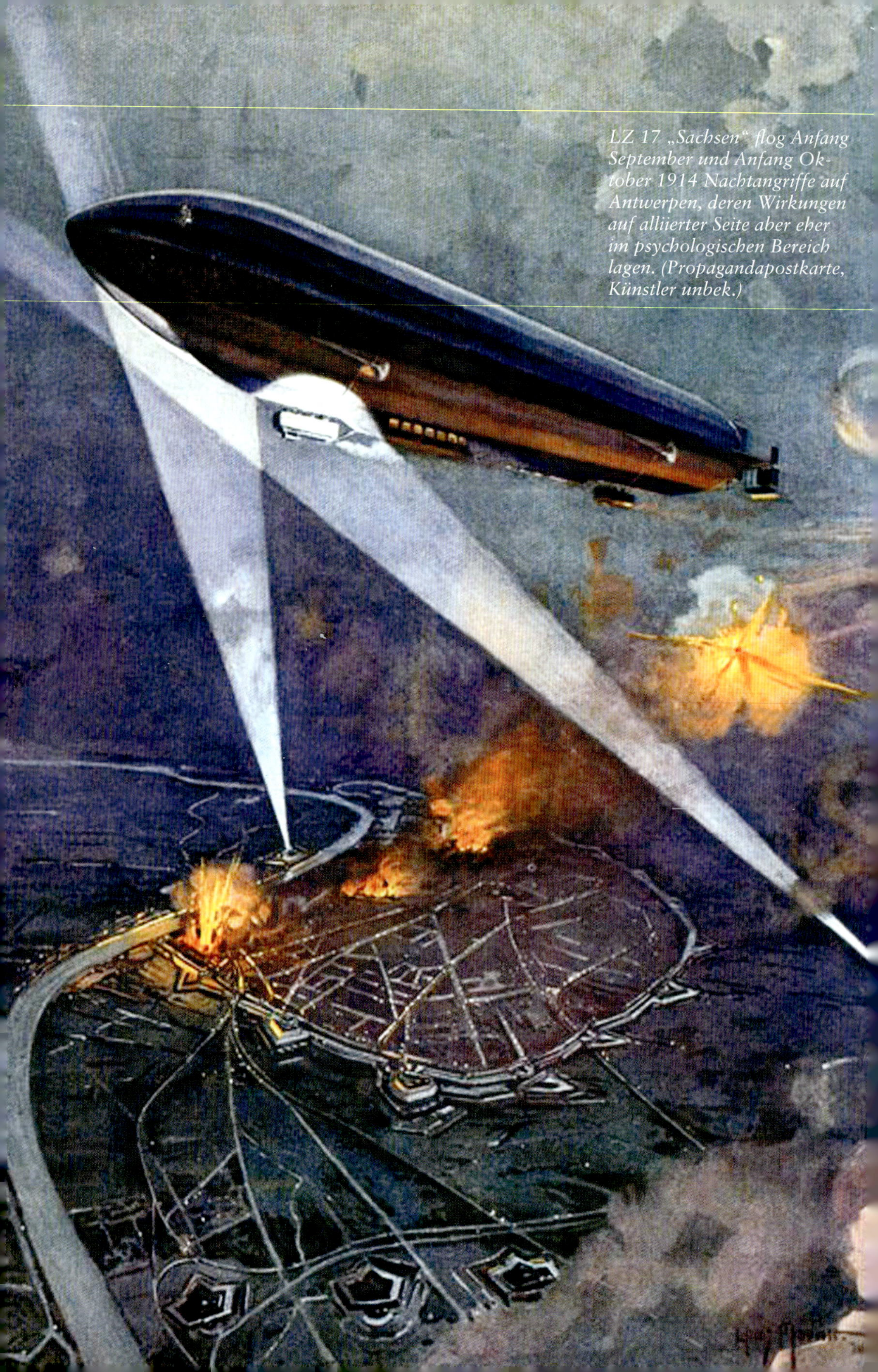

LZ 17 „Sachsen" flog Anfang September und Anfang Oktober 1914 Nachtangriffe auf Antwerpen, deren Wirkungen auf alliierter Seite aber eher im psychologischen Bereich lagen. (Propagandapostkarte, Künstler unbek.)

völlig neue Erfahrung. Andere Aufklärungs- und Angriffsfahrten unternahm Ernst August Lehmann, der einst als Marinebauingenieur auf der Kaiserlichen Werft in Kiel gearbeitete hatte, bei Kriegsbeginn Luftschiffkapitän der DELAG war und dann im Rang eines Marineleutnants zum verantwortlichen Führer eines Kriegsluftschiffes ernannt worden war. In seinem Erlebnisbericht „Zeppelinfahrten nach England“ schildert er auch den „Nachtangriff auf Antwerpen“ mit der ihm vertrauten „Sachsen“:

> Mitten in diesen Versuchen erreicht uns der Befehl zum Angriff auf Antwerpen. Nachts 23 Uhr, es ist warm und mondhell, steigen wir in Köln auf und folgen der Bahnlinie nach Aachen, die hell erleuchtet ist. Dann bringe ich die „Sachsen“ in größere Höhe. Wir haben 900 Kilo Bomben, eine schwere Ladung für das Schiff, das damit auf 2000 m Meereshöhe kommen soll.
>
> Hinter Lüttich durchstoßen wir eine Wolkenbank und steigen über sie hinaus. Vibrierend im donnernden Rhythmus der Motoren und Singen der Propeller schwebt unser Himmelskahn über einem silbernen Wolkensee, es kostet mich Mühe, mich von dem zauberhaften Anblick loszureißen. Vor Antwerpen werden die Wolken dünner und verflüchtigen sich schließlich ganz. Um nicht eine zu bequeme Zielscheibe für die Artillerie der Festung abzugeben, müssen wir warten, bis der Mond untergegangen ist. Das soll kurz vor Anbruch der Morgendämmerung sein, und so verbleiben uns für den Angriff nur wenige Minuten.
>
> Als wir eine Stunde lang zwischen Antwerpen und der holländischen Grenze gekreuzt haben, ist der Augenblick gekommen. Es ist ungewöhnlich warm, nur mit Mühe halten wir das Fahrzeug auf 1700 Meter. Die Schräglage, zu der wir dadurch gezwungen sind, ist so arg, daß wir in der Führergondel nach hinten rutschen. Um die Festung zu erreichen, treiben wir mit Vollgas vorwärts; der verstärkte Motorenlärm warnt die Verteidiger. Alsbald zerteilen die weißen Strahlen der Scheinwerfer die pechschwarze Nacht, sie streifen uns wiederholt, ohne uns dauernd zu fassen. Die Artillerie schießt blind darauf los, die ersten Granaten platzen kilometerweit von uns. Direkt unter uns funkeln unzählige kleine Feuerpunkte wie Glühwürmchen, das Feuer kommt von der Infanterie, die zwischen dem ersten und zweiten Festungsgürtel liegt. Wir bringen sie durch ein paar zehnpfündige Bomben zum Schweigen …
>
> Schweigend und in völliger Finsternis – denn alles Licht an Bord ist während des Angriffes gelöscht – harrt meine Mannschaft auf ihren Posten. Zuerst ma-

Nach dem Ersten Weltkrieg veröffentlichte Lehmann seine Kriegserlebnisse in der Schrift „Zeppelinfahrten nach England“.

chen wir uns über den verhassten Scheinwerfer her. Mit Handgranaten und Flintenkugeln bedacht, ist er im nächsten Augenblick erloschen ... Dann kommen die Außenforts an die Reihe, die Abwurfvorrichtung löst die großen Brandbomben aus, die im Aufschlag feuriger Fontänen verspritzen. Auf dem Wege zum Zentrum, wo wir den Hauptbahnhof heimsuchen wollen, bombardieren wir die Innenforts, zwei hochauflodernde Feuer bezeichnen den Erfolg. Ich sehe auf die Uhr: wir halten uns bereits 20 Minuten im Weichbild der Stadt auf, und es ist höchste Zeit, Antwerpen wieder zu verlassen, denn im Osten dämmert schon ein heller Schein.[81]

Ernst August Lehmann (1886–1937) befehligte im Ersten Weltkrieg mit der „Sachsen" und anderen Luftschiffen Aufklärungs- und Angriffsfahrten nach Belgien.

Mit der Produktionssteigerung von Luftschiffen – durchschnittlich wurden pro Monat zwei neue Zeppeline in Dienst gestellt – verbesserte sich auch deren Technik und Ausstattung. So verdoppelte sich bis 1916 die Zahl der Motoren von drei auf

Die im Juli 1912 als Passagierluftschiff in Betrieb genommene und im August 1914 vom Militär zu Angriffs- und Aufklärungsfahrten übernommene „Hansa" diente ab 1915 bis zu ihrer Abrüstung im August 1916 als Schulschiff in Berlin-Johannisthal.

Flugzeuge und Zeppeline östlich von Warschau (1915)

Motorgondel eines Luftschiffes, Gemälde von Felix Schwormstädt (1870–1938), 1917

Prinz Heinrich, der jüngere Bruder des Kaisers und Großadmiral der Kaiserlichen Marine, ist gemeinsam mit Zeppelin auch auf einer 1916 erschienenen „Wohlfahrtspostkarte zum Besten des Roten Kreuzes" zu sehen.

Marine-Luftschiffe		Länge in m	Inhalt in cbm	Nutzlast in kg	Geschw. m/sec	Steighöhe in m	Baujahr
L 3 – 8		158	22470	9200	23,4	2500	1914/15
L 9		161,4	24900	11000	23,6	3000	1915
L 10 – 19		163,5	31900	16200	26,7	3200	1915
L 20 – 24		178,5	35800	17900	26,5	3500	1915/16
L 30 – 41, 45, 47, 50		198	55200	35500	28,7	4000	1916
L 42 – 43		196,5	55500	36400	27,7	5500	1917
L 44 u. 46		196,5	55800	37800	28,9	5500	1917
L 48, 49, 51, 52, 54		196,5	55800	39000	29,9	5500	1917
L 53, 55, 56, 58, 60 – 65		196,5	56000	40000	30,2	6500	1917/18
L 57 u. 59		226,5	68500	52100	28,6	8200	1917
L 70 – 71		211,5	62200	44500	36,4	7000	1918

Übersicht der Marineluftschiffe, 1914–1918

sechs, die Nutzlast erhöhte sich von 8700 auf 51.000 Kilogramm. Doch vor Angriffen waren die Zeppeline nicht sicher, bereits Mitte August 1915 war mit dem LZ 43 das erste deutsche Luftschiff über London abgeschossen worden. Damit sich die Mannschaft im Falle höchster Not mit einem Sprung außenbords retten konnte, wurden ab Anfang 1916 alle Luftschiffe mit Fallschirmen ausgestattet.

Während die Entwicklung des Flugzeugbaus in diesen Jahren deutliche Fortschritte machte und die Franzosen und Engländer frühzeitig auf die neue, wegweisende Technik gesetzt hatten, hielt Graf Zeppelin weiterhin an seinen Kriegswaffen fest und meinte „jedes Mittel zur Abkürzung eines blutigen Krieges“ müsse angewandt werden. Und nach Generaloberst Karl von Einem soll er gesagt haben: „Ganz England muss brennen!“[82] Auch mit seinen fast 78 Jahren verfolgte Zeppelin aufmerksam die Geschäfte seines Unternehmens, die in jenen Jahren glänzend liefen. Als Ende April 1916 Luftschiffkapitän Lehmann den zunächst für das Heer bestimmte LZ 98 von Friedrichshafen nach Hannover überführte, nahm der Graf als Gast an dieser Reise teil. „Ihm zu Ehren“, so Lehmann, fuhren sie „einen Umweg über das Dörfchen Zeppelin, das in Mecklenburg nahe der Ostseeküste liegt und der Stammsitz der Familie“ war. Der alte Graf, der noch nie dort gewesen war, soll gesagt haben: „Sehen Sie, das ganze Land da unten gehörte einst meinen Vorfahren. Aber diese Herren haben alles vertrunken und vertan."[83]

Zeppelins Rolle in diesen Jahren ist umstritten. In einem Brief an den Reichskanzler Theobald von Bethmann Hollweg vom 5. September 1916 forderte er indirekt den „wirksamsten und rücksichtslosen Gebrauch" seiner Luftschiffe.[84] Aus heutiger Sicht wirkt die Kriegstreiberei Zeppelins befremdend; aus seiner Sicht dagegen, man halte sich das Zeitalter des Nationalismus und Militarismus vor Augen, ist diese Haltung verständlich und galt als selbstverständlich. Die Reichsregierung aber, der solch radikale Äußerungen unpassend schienen, antwortete mit einem öffentlichen Redeverbot für Zeppelin, d. h. politische Erörterungen für die Öffentlichkeit musste der Graf dem Reichskanzler zur Genehmigung vorlegen.[85] Angesichts der Verluste war jedoch auch den Politikern und den führenden Militärs die Unzulänglichkeit der Luftschiffe bewusst. Wie hilflos diese gelegentlich agierten, belegt ein Bericht über die strategische Lage vom 31. Januar 1916:

Zeppelin mit Prinz Heinrich von Preußen (1862–1929), Kiel 1915

> Vom Überschreiten der Ostküste an fand das Luftschiff überall eine Dunstschicht über der Erde, stellenweise sogar dichten Nebel, der die Orientierung sehr erschwerte und schließlich unmöglich machte. Um 8.15 Uhr passierte es eine größere Stadt, die als Lincoln angesprochen wurde. Dann sichtete es anscheinend südlich von Sheffield eine große, hell erleuchtete Anlage, die aber nach mehreren Anzeichen ein Gefangenenlager zu sein schien und daher nicht beworfen wurde. Um 11 Uhr mußte nach der Berechnung die Westküste erreicht sein. Daß Liverpool bei dem herrschenden Nebel noch gefunden werden würde, war jedoch nicht zu erwarten. Daher machte der Kommandant im Einverständnis mit Korvettenkapitän Strasser etwa in der Linie Macclesfield–Hanley kehrt; aber selbst auf dem Rückmarsch wurden keine Ziele gesichtet, so daß „L 11" als einziges Schiff den vollen Bombenvorrat wieder nach Hause brachte …
>
> Bei der Unsicherheit der Navigierung der Luftschiffe in jener Nacht ist es schwer, wenn nicht unmöglich, sich ein Bild zu machen, welche Wege sie in Wirk-

> lichkeit gemacht haben und welches Maß von Zuverlässigkeit ihren Meldungen daher zuzusprechen ist ...[86]

Zwar erbrachte der Ende Oktober 1917 als Fracht- und Truppentransporter in Dienst gestellte L 59 mit 6757 km in 95 Stunden einen neuen Langstreckenrekord, doch galten zu diesem Zeitpunkt Zeppeline als nicht mehr effizient. Ab Mitte 1916 hatte Deutschland die Luftüberlegenheit verloren, Großflugzeuge der Alliierten bestimmten nun den Luftkrieg. L 59, ein Luftschiff der Marine, war im bulgarischen Jambol, dem südlichsten Luftschiffhafen der deutschen Streitkräfte, gestartet, um die Schutztruppe des Kommandeurs in Deutsch-Ostafrika, Paul von Lettow-Vorbeck, zu unterstützen. Auf halbem Weg musste jedoch der als „Afrikaluftschiff" bekannt gewordene L 59 aufgrund eines Funkspruchs aus Berlin umkehren. Bereits im Frühjahr 1917 hatte die Oberste Heeresleitung für ihren Bereich die Einstellung der Luftschifffahrt beschlossen, bei der Marine fanden 1918 nur noch 18 Angriffs- und 131 Aufklärungsfahrten statt. Mit dem effektiven Einsatz von Suchscheinwerfern einerseits und dem abwechselnden Beschuss der Zeppeline mit Brandmunition und mit Kugelgeschossen, die mit Nitroglyzerin gefüllt waren, brachte das britische Militär die deutschen Luftschiffe zunehmend zu Fall. Der Verlust war groß, etwa zwei Drittel der 123 eingesetzten Fahrzeuge, von denen 101 aus den Zeppelin-Werken stammten, gingen durch Feindeinwirkung und durch Unfälle verloren. Vergleichsweise gering waren die Opfer unter den deutschen Luftschiffern: 79 Mann im Heeresdienst und 389 Mann bei der Marine kamen im Dienst ums Leben.

Alexander von Brandenstein-Zeppelin (1881–1949), der Schwiegersohn Zeppelins

Helene (Hella) von Brandenstein-Zeppelin (1879–1967), die Tochter Zeppelins

Graf Zeppelin beim Besuch der Flugzeugwerft Staaken/Berlin, Februar 1917

9. Zeppelins Tod

Ferdinand Graf Zeppelin hat das endgültige Aus seiner Luftschiffe als Kriegswaffen nicht mehr erlebt, wohl aber den Absturz einiger seiner Zeppeline, sodass er sich am Lebensende doch noch der Entwicklung von Großflugzeugen widmete. Gemäß seinem Motto „Ich muss wirken, solange es Tag ist" verbrachte Zeppelin viel Zeit in und mit seinem Unternehmen, und zwar bis zum Lebensende. Dennoch kam seine Familie nicht zu kurz. Er, der relativ spät Vater geworden war, erlebte in hohem Alter auch noch

Eine der letzten Aufnahmen von Graf Zeppelin, wenige Tage vor seinem Tode am 8. März 1917

Ferdinand Graf Zeppelin in Zivil, um 1900

Luftaufnahme der Flugzeugwerft Staaken bei Berlin, 1920

die Freuden eines Großvaters. Im September 1908, einen Monat nach dem Unglück von Echterdingen, hatte sich seine Tochter Hella mit dem 1881 geborenen Alexander von Brandenstein verlobt. Dieser, Sohn eines württembergischen Generals, wurde dann anlässlich seiner Hochzeit mit Zeppelins Tochter im Februar 1909 von König Wilhelm II. von Württemberg in den Grafenstand erhoben. Der König gestattete zudem den Doppelnamen Brandenstein-Zeppelin. Aus der Ehe gingen drei Töchter und zwei Söhne hervor, vier dieser Kinder wurden zu Lebzeiten des alten Zeppelins geboren. Die Familie lebte auf Schloss Brandenstein bei Schlüchtern in Osthessen.[87]

Graf Zeppelin verstarb 78-jährig am 8. März 1917 in Berlin. Anfang Februar 1917 war er in die Reichshauptstadt gereist, um die Flugzeugwerft Staaken, einen seiner Produktionsstandorte, zu besuchen. Wegen starker Verdauungsbeschwerden und eines zunehmend geschwächten Immunsystems wurde er ins Charlottenburger Krankenhaus eingewiesen und am Darm operiert. Als sich sein Zustand verschlechterte, trafen auch seine

Frau Isa und seine Tochter Hella in Berlin ein. Todesursache war schließlich eine Lungenentzündung.

Die Städte, die Zeppelin zu ihrem Ehrenbürger ernannt hatten, erhielten bereits am späten Nachmittag des 8. März folgendes Telegramm aus Friedrichhafen:

> erfüllen die traurige pflicht mitzuteilen, daß seine excellenz graf von zeppelin nach gut überstandener darmoperation heute infolge hinzugetretener lungenentzündung in berlin sanft entschlafen ist uhland generalbevollmächtigter[88]

Noch in ihren Abendausgaben brachten die Tageszeitungen diese Nachricht: „Graf Zeppelin ist heute Vormittag um ¾ 12 Uhr im West-Sanatorium zu Charlottenburg einer Lungenentzündung erlegen."

Bereits am nächsten Tag würdigten die führenden Politiker den Verstorbenen. Der Präsident des preußischen Abgeordnetenhauses, Hans Graf von Schwerin-Löwitz, verglich in seiner Ansprache Zeppelin mit Bismarck und sagte:

> Damit ist ein Mann aus dem Leben geschieden, der sich nicht nur wie Fürst Bismarck rühmen durfte, bei unseren Feinden einer der Bestgehaßten zu sein, sondern auch lange Zeit sich rühmen durfte, in unserem Volke einer der Bestgeliebten zu sein, und darum wird auch die Trauerkunde das ganze deutsche Volk in tiefe Trauer versetzen. Aber seine Werke folgen ihm nach, und wir dürfen die feste Zuversicht haben, daß auch seine großen weltgeschichtlichen Erfindungen an der siegreichen Vollendung des Weltkrieges ihren Anteil haben ...[89]

„Zeppelin im Himmel": „Für den Kriegshelden und genialen Erfinder ist der beste Platz bereitet" – „Kann man von dort aus Deutschland sehen?", Zeichnung von Th. Th. Heine, „Simplicissimus", 27. März 1917

Und der Berliner Pfarrer Friedrich Korth urteilte:

> Wie ein Galilei einer ganzen Welt gegenüber an seiner Überzeugungkraft festhielt ... wie ein Kolumbus sein Vermögen, seine Ehre, sein Leben aufs Spiel gesetzt ... so hat der Entschlafene, mit seiner Energie ohnegleichen das Ziel erreicht, von des-

> sen Erreichbarkeit er überzeugt war: Die Eroberung der Luft und damit zugleich unserem Vaterland eine seiner wirksamsten Waffen in diesem Krieg in die Hand gegeben und dem endlichen Siege vorgearbeitet, wenn er ihn nun auch nicht mehr miterlebt hat.[90]

In einer Zeit, in der die Tageszeitung das Medium der Nachrichtenübermittlung war, wurde jede scheinbar noch so banale Meldung zu einem Thema aufmerksam verfolgt. Die meisten Artikel in den Zeitungen des Jahres 1917 waren Kriegsberichte; es erstaunt, welche mediale Resonanz der Tod Zeppelins fand. Man hätte meinen können, ein regierender Fürst sei verschieden. Wie ein Heiliger wurde der Graf verehrt – in ganz Deutschland, von Jung und Alt, in allen sozialen Schichten:

> In der Tat, das eine hat Graf Zeppelin neben der gleich unbeirrbaren, mutigen Ausdauer und dem Glauben an sein Werk gemein mit dem Schöpfer des Reiches, daß er heute während des großen Daseinskampfes unseres Volkes einer der von unseren Feinden bestgehaßten Deutschen ist. Der Name des Grafen ist so fest mit seinem Werke verbunden, daß er in der Geschichte der menschlichen Erfinder unsterblich bleiben wird. Aber auch in der Walhalla der deutschen Ritter ohne Furcht und Tadel hat der schwäbische Graf, der kühne Reiteroffizier von 1870 wie der rastlose Erkämpfer des Luftraumes, für sein Vaterland sich eine bleibende Stätte gesichert. Wie seine geniale, aber auch rastlos erarbeitete und mit opferbereiter Hingabe errungene Schöpfung mit dem Schicksal und mit den Empfindungen des deutschen Volkes verbunden ist, bewies schon vor einem Jahrzehnt die bis dahin noch nie erlebte Einigkeit, mit der das ganze Volk viele Millionen aufbrachte, als eines der ersten Luftschiffe bei Echterdingen den Elementen zum Opfer gefallen war …
>
> Die Zeppeline in diesem Kriege … haben zusammen mit unseren Unterseebooten dem hochmütigen englischen Inselvolke die Sicherheit der Unangreifbarkeit genommen und seit Jahrhunderten zum ersten Male den wirklichen Kriegsschrecken in seine stolze Hauptstadt und tief ins Innere des Landes getragen.
>
> Erst spätere Geschichtsschreiber werden die militärischen wie moralischen Folgen dieser Tatsachen für England selbst und für das englische Prestige in der ganzen Welt vollständig beurteilen können, und späteren kühnen Jüngern des greisen Erfinders wird es auch beschieden sein, seine Luftschiffe zu neuen großen Aufgaben des Friedens, etwa der Entdeckung der unbetretbaren Erdpole zu steuern. Der weißhaarige Graf hat das siegreiche Ende des Krieges, zu dem er doch so viel beigetragen hat, nicht mehr erleben dürfen. Aber mit seinen scharfen Luftschifferaugen hat er sicher schon ihn am Horizont glänzend heraufsteigen sehen, und das deutsche Volk, das heute um ihn trauert, weiß, daß es ihm in seiner unbeirrbaren, rastlosen Tätigkeit nur nachzufolgen braucht, um seine letzte hohe Ahnung bald zu starker Wirklichkeit werden zu sehen.[91]

Kaiser Wilhelm II. schickte folgendes Telegramm an den württembergischen König:

> Tiefberührt über das Ableben des Grafen Zeppelins spreche ich Dir, als seinem König, dem der Entschlafene in tiefer Treue und Dankbarkeit ergeben war, meine

> herzliche Teilnahme aus. In seinem langjährigen unermüdlichen Ringen um die Beherrschung der Luft hast Du ihm stets beigestanden und ihm geholfen, die Erfolge zu erzielen, die den Ruhm seines Namens über die ganze Welt verbreiteten. Dies danke ich Dir an der Bahre des Entschlafenen ... Daß er das Ende des Krieges, in dem er so Großes geleistet hat, nicht erleben durfte, ist tief bedauerlich. Sein Werk wird aber in seinem Geiste fortbestehen werden.[92]

Isabella Gräfin von Zeppelin, die mit ihrem Gatten fast 48 Jahre lang verheiratet war

Und der Angesprochene teilte der Witwe mit: „Sein Name wird unsterblich weiterleben" – eine Aussage, die bis heute Bestand hat.

Seinen Offizieren ließ König Wilhelm mitteilen:

> Um das Andenken des hochverdienten Generals, der noch vor der Schicksalsstunde Deutschlands der Wehrmacht eine besonders scharfe Waffe in die Hand gegeben hat, zu ehren, bestimme ich, daß meine Offiziere, die zu dem Verstorbenen als dem leuchtenden Vorbild der Pflichttreue und Tatkraft in besonderer Bewunderung aufblicken, auf drei Tage Trauer anzulegen haben.[93]

Wie zu lesen war, traf die Leiche Zeppelins „mit dem fahrplanmäßigen Schnellzug" von Berlin in Stuttgart ein, wo der Verstorbene am 12. März 1917 in der Familiengrabstätte auf dem Pragfriedhof beigesetzt wurde:

> Als der schwere eiserne Sarg, auf dem der Degen und der Helm des Verstorbenen lagen, auf dem bereitstehenden Leichenwagen geschoben wurde, erwiesen die männlichen Verwandten die militärische Ehrenbezeugung. Hierauf setzte sich der schlichte Trauerzug nach dem Prag-Friedhof in Bewegung.[94]

Dort wurde der Leichnam in der Leichenhalle aufgebahrt. Wie bei einem Staatsbegräbnis hatte die Presse berichtet, hatten viele Städte halbmast geflaggt, waren Kranzspenden aus ganz Deutschland – auch von „Mitgliedern des Kaiserhauses, des württembergischen Königshauses, von fast al-

Während der Beisetzung Zeppelins am 12. März 1917 auf dem Pragfriedhof in Stuttgart kreisen zwei Zeppeline als Abordnung des Heeres und der Marine über dem Friedhof.

Totengeleit auf dem Pragfriedhof in Stuttgart

Der württembergische König Wilhelm II. kondoliert Isabella Gräfin Zeppelin und ihrer Tochter Hella.

ISABELLA GRÄFIN
VON
ZEPPELIN
GEB. FREIIN VON WOLFF
GEB. 4. MAI 1846
GEST. 2. JANUAR 1922
DIE LIEBE
HÖRET NIMMER AUF
FERDINAND GRAF
VON
ZEPPELIN
GEB. 8. JULI 1838
GEST. 8. MÄRZ 1917
DEIN GLAUBE
HAT DIR GEHOLFEN

Hinweisschild zur Grabstätte Zeppelins auf dem Stuttgarter Pragfriedhof (oben links); Grabstein Graf Zeppelins, Pragfriedhof Stuttgart (März 2016) (oben rechts); Das Grab des Ehepaares Ferdinand und Isabella von Zeppelin auf dem Pragfriedhof in Stuttgart (gegenüberliegende Seite)

len deutschen Bundesfürsten, vom Reichskanzler und vom Reichstag" – in Stuttgart eingetroffen. An der Beisetzung nahmen auch der württembergische König Wilhelm II. mit seiner Frau Charlotte und Hunderte Mitarbeiter des Friedrichshafener Unternehmens teil. Während seiner Beerdigung kreisten LZ 87 als Abordnung des Heeres und LZ 43 als Abordnung der Marine über dem Friedhof.

Die Titelseite des 1929 erschienenen „Fachbuchs für Maschinenbauer" ziert ein Zeppelin.

Auch das „Neue Lesebuch für Berufsschulen" (1929) zeigt auf der Titelseite einen Zeppelin.

Der Schienenzeppelin stellte 1931 mit 230 km/h einen Geschwindigkeitsweltrekord auf.

10. Mythos Zeppelin

Bei der Verehrung, die Graf Zeppelin zu Lebzeiten und bei seinem Ableben erfuhr, wundert es geradezu, dass er – anders als etwa Bismarck – weder mit einer Büste noch mit einer Gedenktafel Aufnahme in die Gedenkstätte Walhalla bei Regensburg fand. Auch Jahre nach seinem Tod gehörte er noch zum Alltag der Menschen. In den 1920er/30er Jahren war er Hauptperson des Brettspiels „Graf Zeppelin's Reisen durch Deutschland" und des Quartettspiels „Mit Graf Zeppelin um die Erde". Auch in der Schule begegneten die Kinder dem allseits verehrten Luftschiffkonstrukteur. Im Gegensatz zu heutigen Schulbuchausgaben wurden ihm in der Weimarer Republik und im Dritten Reich mindestens ein paar Zeilen, wenn nicht gar ein ganzer Absatz gewidmet, so etwa in dem Kapitel „Männer der Tat" des 1929 herausgegebenen „Neuen Lesebuchs für Berufsschulen" oder in dem Kapitel „Im deutschen Kaiserreich" des 1933 erschienenen Bandes „Geschichte für höhere Schulen":

> Nach vielen vergeblichen Versuchen war es dem Grafen Zeppelin gelungen, ein Luftschiff zu bauen. Im Sommer 1900 verließ es die schwimmende Halle auf dem Bodensee. Wie hatte man vorher den Kopf geschüttelt! Die schwere Gondel würde das Aluminiumgerüst zerbrechen, das Schiff würde in der Luft sich überschlagen, es könnte nicht richtig gesteuert werden. Freudentränen traten nun dem zweiundsechzigjährigen Grafen in die Augen, als der erste Flug so gut gelang; aber noch stand er erst am Anfang. Die Tagung der deutschen Ingenieure wies ihn kalt ab, als er Geld zur Fortführung seines Werkes forderte, da sein „Monstrum" abgetan sei. Eine Volksversammlung brachte dem „verrückten Schwaben" ganze 15.000 Mark ein. Ein Sturm zerbrach das erste und das zweite Schiff. Unermüdlich arbeitete Zeppelin an Verbesserungen. Nach dem Bau des dritten Schiffes war sein Vermögen so erschöpft, daß er kaum das Geld für das Gas zur Versuchsfahrt aufbringen konnte.
>
> Als dann das Luftschiff zur ersten großen Fahrt rheinaufwärts aufstieg, da war ein Jubeln und Jauchzen und Tücherschwenken überall, wo das stolze Schiff vorüberflog. Zeppelin wurde zum deutschen Helden. Da zerriß ein Gewittersturm das gelandete Luftschiff, daß es ausbrannte. Aber in begeisterter Opferwilligkeit machte das deutsche Volk die Sache Zeppelins zu seiner eigenen. Schon 24 Stunden nach dem Unglück waren dem alten Grafen von allen Seiten her im ganzen 900.000 Mark zugeflossen. Wenige Wochen später waren 6 Millionen aus Hütten und Palästen zusammengeströmt, um Zeppelin die Fortführung seiner Arbeiten zu ermöglichen.[95]

Beliebt waren Mitte der 1930er Jahre die Sammelbilder einer Tabakfirma, die in den Band „Zeppelin-Weltfahrten" eingeklebt werden konnten.

Auch die Margarinefabrik Jurgens & Prinzen in Goch/Niederrhein verkaufte in den 1930er Jahren ihre Produkte mit Sammelmarken; der Spezialmarke „Rheinperle Delikatess-Margarine" lag eine Serie mit Erfindern bei.

In der Zwischenkriegszeit wurden weiterhin zahlreiche Bücher publiziert, die Leben und Werk Zeppelins würdigten. Zu den Glanzstücken dieser vielseitigen Veröffentlichungen zählt der 1925 erschienene schwere, umfangreiche und mit zahlreichen Abbildungen aufwändig gestaltete Band „Zeppelin-Denkmal für das deutsche Volk", der „aus Anlass des fünfundzwanzigjährigen Jubiläums des ersten Luftschiff-Aufstiegs des Grafen

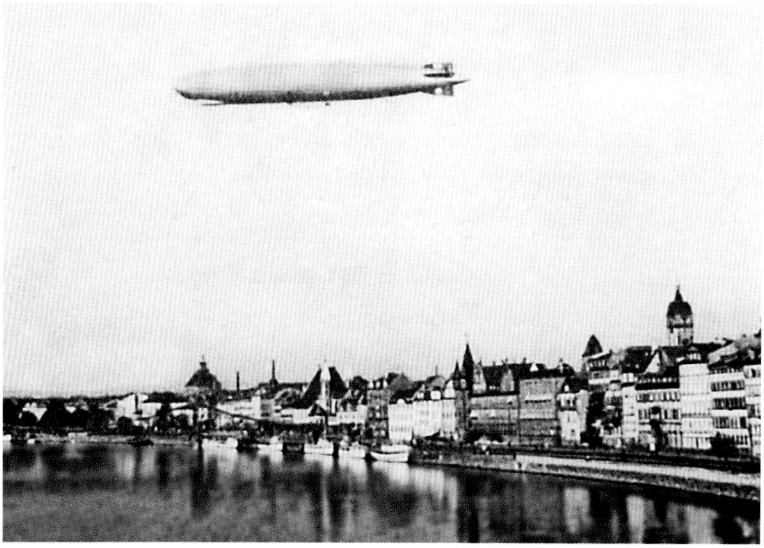

LZ 127 „Graf Zeppelin" über Frankfurt/Main (um 1933)

Zeppelin" veröffentlicht worden war. Volksnäher gab sich da die Dresdner Tabakfirma Greiling, die 1933 das Sammelalbum „Zeppelin-Weltfahrten" für 264 Bilder herausbrachte, die die Geschichte „vom ersten Luftschiff 1899 bis zu den Fahrten des LZ 1927 Graf Zeppelin 1932" anschaulich darstellten. In einer Zeit, in der das Rauchen öffentlich noch nicht geächtet war, sollten dank dieser „Beigaben" in Schwarz-Weiß die Raucher zu erhöhtem Konsum verleitet werden:

> Zeppelin-Weltfahrten-Bilder liegen nur den Packungen der Zigaretten-Marken: Club und Liga 3 1/3 Pfg. sowie Sanct Georg 5 Pfg. bei. Die 6 Stück-Packungen Club und Liga sowie die 10 Stück-Packungen Sanct Georg enthalten 1 Bild, die 12 Stück-Packungen Club und Liga enthalten 2 Bilder sowie 1 Bild-Gutschein; die 25 Stück-Packungen Sanct Georg enthalten 3 Bilder. Die 3 Stück-Packungen Club und Liga enthalten 1 Bild-Gutschein. Gegen Einsendung von (nicht weniger als) 40 Gutscheinen erhalten Sie 25 verschiedene Bilder von der Bilderstelle Lohse, Dresden A 24, portofrei zugesandt. Wir bitten unsere Raucher, die gewünschten Bild-Nummern angeben zu wollen …
>
> Die Zeppelin-Serie hat einen hohen ideellen, also echten Sammel-Wert. Wir sind uns der großen Verantwortung bewußt, die uns diese seltene Sammlung auferlegt, und haben deshalb das Album mit besonderer Liebe und Sorgfalt, vor allem aber wesentlich reichhaltiger als dies sonst üblich ist, ausgestattet.[96]

Luftaufnahme der Maybach-Motorenbau GmbH Friedrichshafen (1925)

Die 1909 von Wilhelm Maybach und Graf Zeppelin gegründete Maybach-Motorenbau GmbH stellte in den 1930er Jahren in Friedrichshafen Luxuslimousinen her, so auch den „Typ Zeppelin“ – hier eine Aufnahme aus dem Zeppelin-Museum Friedrichshafen. (gegenüberliegende Seite)

Die Zeit dieser Sammelbilder gehört längst der Vergangenheit an. Die Faszination, die von den Zeppelinen ausgeht, ist dagegen geblieben. Doch Zeppelin war nicht nur in der Luft präsent. Bereits 1914 wurde ein Passagierdampfer des Norddeutschen Lloyd nach Graf Zeppelin benannt. 1929/30 entwickelte der Eisenbahnkonstrukteur Franz Kruckenberg (1882–1965) den Schienenzeppelin, der mit einem hölzernen Flugzeugpropeller angetrieben wurde und im Juni 1931 auf der Strecke Ludwigslust–Wittenberge mit 230 km/h einen Geschwindigkeitsweltrekord aufstellte. An dieses legendäre Kapitel deutscher Verkehrsgeschichte erinnern heute nur noch Eisenbahnmodelle. Ebenfalls in den 1930er Jahren gab es das Automobilunternehmen Maybach, das verschiedene Pkw-Modelle vom „Typ Zeppelin“ anbot. Ein besonderes Vergnügen gab es zu dieser Zeit aber auch für Kinder: Auf den großen Volksfesten standen „Zeppelin-Karusselle“, bei

ZEPPELIN
FN ZM 39 H

Eine Belustigung für Kinder war in den 1930er Jahren das „Zeppelin-Karussell“.

Modell des Flugzeugträgers „Graf Zeppelin“ im Schiffahrtsmuseum Bremerhaven

Anlässlich des 75. Jahrestages des Erstaufstiegs des Zeppelins brachte die Republik Madagaskar 1975 eine Serie mit sechs „Zeppelin“-Sonderbriefmarken heraus; eine Marke war der „Ägyptenfahrt“ von 1931 gewidmet.

Als Briefmarkenmotiv hat Zeppelin alle Zeiten überlebt. 1934 widmete ihm die Reichspost eine Sondermarke für Luftpostbriefe.

Flugzeugträger „Graf Zeppelin“ am Ausrüstungskai; Buganansicht, Backbordseite (März 1940), Deutsche Werke, Kiel

denen sich um eine „Erdkugel" in der Mitte vier Miniatur-Zeppeline mit Gondeln bewegten.

Im Dezember 1938 fand in Kiel der Stapellauf des Flugzeugträgers „Graf Zeppelin" statt. Getauft wurde das Schiff der Kriegsmarine von Hella von Brandenstein-Zeppelin, die Taufrede hielt der Oberbefehlshaber der deutschen Luftwaffe, Hermann Göring.

Doch der Flugzeugträger blieb unvollendet und kam in seiner eigentlichen Funktion nie zum Einsatz. Nach einer wechselvollen Geschichte ver-

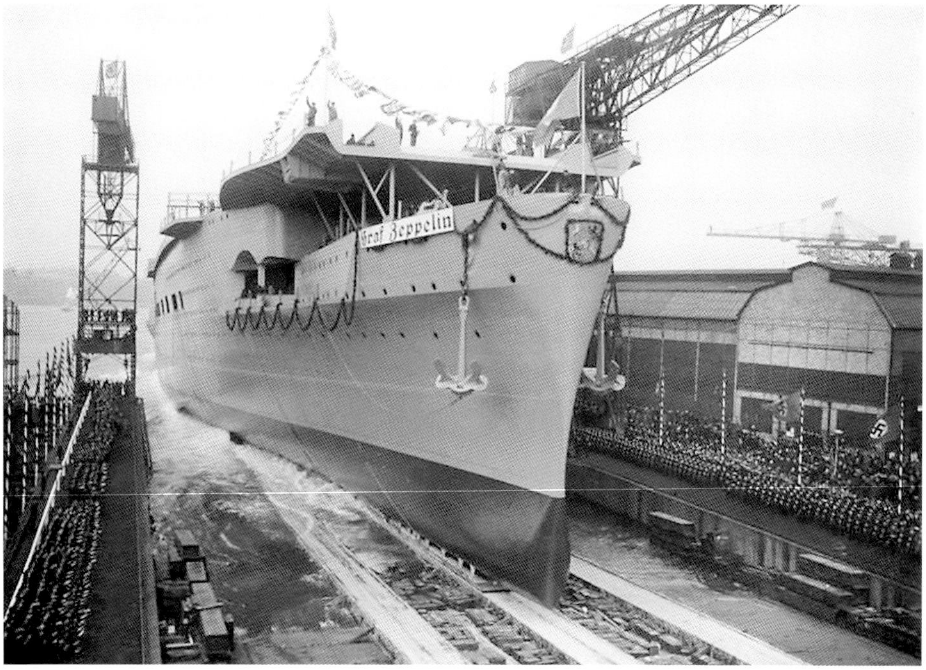

Flugzeugträger „Graf Zeppelin" beim Stapellauf am 8. Dezember 1938

senkte die sowjetische Marine das Schiff 30 Seemeilen nördlich der Danziger Bucht, wo es noch heute liegt.[97]

Nach dem Zweiten Weltkrieg produzierten die Zeppelin-Werke Friedrichshafen „Zeppelin-Fahrräder" und seit mehr als 30 Jahren befördert das Passagierschiff „Graf Zeppelin" Tausende von Touristen Jahr für Jahr über den Bodensee. Der Namensgeber war nicht nur auf Briefmarken der Weimarer Republik, des Dritten Reichs und der Deutschen Bundespost abgebildet, sondern gilt weltweit als beliebtes Motiv von Postwertzeichen. So ist der „Zeppelin" als vielseitiges Verkehrsmittel und Motiv bekannt geworden und hat sich einen Platz in den Geschichtsbüchern an unterschiedlichen Stellen erobert.

11. Blütezeit und Ende: „Amerikaluftschiff“, „Graf Zeppelin“, „Hindenburg“

Nach dem Krieg verboten die siegreichen Alliierten eine deutsche Luftstreitmacht. In den Artikeln 201 („Verbot der Herstellung und Einfuhr von Luftfahrzeugen“) und 202 („Restlose Auslieferung des gesamten deutschen Flugzeugparks“) des im Juni 1919 geschlossenen und im Januar 1920 in Kraft getretenen „Versailler Vertrages“ war die Auslieferung der Luftschiffe festgeschrieben; abgeliefert werden mussten: „Land- und Wasserflugzeuge, Lenkluftschiffe, Luftschiffhallen, Flugzeugteile, Flugzeugbewaffnung, Instrumente, Apparate, Geräte für die Herstellung.“[98] Um der Ablieferung zu entgehen, zerstörten die Mannschaften von sieben Zeppelinen ihr Luftschiff und deren Hallen, 30 Kriegsluftschiffe wurden aufgrund

Das Luftschiff „Graf Zeppelin“ über dem Berliner Dom (1930)

Zeppelin „Bodensee“ (1919) (oben rechts); Führergondel des Zeppelins „Bodensee“ (1919) (oben links); Fahrgastraum im Zeppelin „Bodensee“ (1919) (unten)

Werbung der DELAG für die „Wiederaufnahme der Passagierfahrten“ der Zeppelinluftschiffe von Berlin nach Süddeutschland (1919) (rechts)

technischer Mängel abgewrackt, die übrigen elf intakten Luftschiffe gelangten als Teil der Reparationszahlungen an Frankreich, England, Italien und Belgien. Dies bedeutete das Ende der deutschen Luftschifffahrt. Noch während der Verhandlungen in Versailles entstand in Friedrichshafen unter Leitung von Ludwig Dürr das Luftschiff LZ 120, das von der DELAG bis Mitte 1921 unter dem Namen „Bodensee" als ziviles Luftschiff zwischen Friedrichshafen und Berlin eingesetzt war und während dieser Zeit rund 2250 zahlende Passagiere beförderte.

Doch Reparationsforderungen, die auch von Italien gestellt worden waren, beendeten jäh den regelmäßigen Luftschiffverkehr. Die „Bodensee" wurde nach 101 Fahrten an Italien abgeliefert und fuhr dort unter dem Namen „Esperia" bis zu ihrer Abwrackung im Jahre 1928. Ein vergleichbares Schicksal hatte die ebenfalls von der DELAG in Auftrag gegebene und für den zivilen Verkehr im Einsatz nach Stockholm geplante „Nordstern" (LZ 121), die bereits nach einer Probefahrt im Juni 1921 auf Beschluss der Siegermächte an Frankreich ausgeliefert werden musste. Dort diente dieser Zeppelin als „Méditerranée" bis 1927 zu Versuchs- und Trainingsfahrten.

Das Luftschiff „Bodensee" wurde als Reparationsleistung an Italien abgeliefert.

Das Luftschiff „Nordstern" musste 1921 an Frankreich abgegeben werden.

Das „Amerikaluftschiff", hier vor seiner Abfahrt in Friedrichshafen, wurde im Oktober 1924 als Reparationsleistung an die USA geliefert.

Das „Amerikaluftschiff"

Jahrelang hatten die Bewohner am Oberrhein kein Luftschiff mehr gesichtet, bis im September 1924 erneut ein Zeppelin in ihrer Gegend auftauchte: Auf rechtsrheinischer Seite war LZ 126 während einer zweitägigen Probefahrt von Friedrichshafen nach Norddeutschland und zurück am Himmel zu sehen. Dieses „Amerikaluftschiff" war im Juni 1922 als Reparationsleistung von den USA bestellt worden und hatte in Friedrichshafen wieder für Arbeit gesorgt. Es entstand 1923/24, war 200 m lang, hatte einen Durchmesser von fast 28 m und ein Volumen von 70.000 cbm[2]; angetrieben von fünf zwölfzylindrigen Maybach-Motoren mit insgesamt rund 2000 PS. Um einen militärischen Charakter auszuschließen, war es für 30 Passagiere konzipiert; es war das erste Luftschiff, das über Schlafmöglichkeiten (herunterklappbare Liegen) für Passagiere verfügte. Die Beschichtung der Hülle enthielt Aluminiumpartikel, um die Sonnenstrahlung zu reflektieren und somit das Aufheizen des Traggases zu minimieren. Im Volksmund erhielt dieses „Reparationsluftschiff" die Bezeichnung „silberne Zigarre", da sein ganzer Schiffskörper silbrig glänzte. Der Start am Bodensee fand an einem symbolträchtigen Tag statt, nämlich am 12. Oktober 1924, dem Jahrestag, an dem Christoph Kolumbus 1492 Amerika „entdeckt" hatte. Nach 81 Stunden und 8150 km erreichte der Zeppelin am 15. Oktober 1924

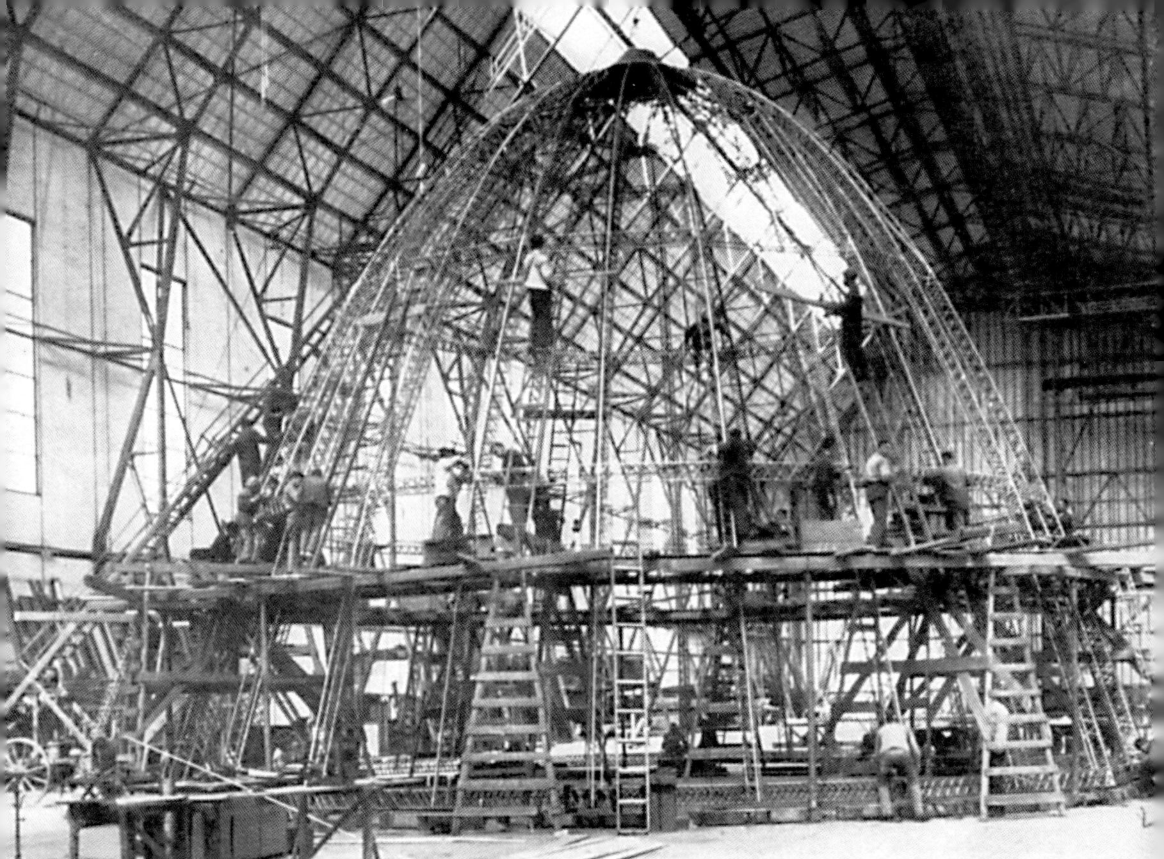

Bug des „Amerikaluftschiffes“

Bug des „Amerikaluftschiffes“ im Bau

Innenaufnahme des „Amerikaluftschiffes“

Innenaufnahme des Laufgangs des „Amerikaluftschiffs"

Lakehurst, einen zum Verkehrsflughafen ausgebauten Stützpunkt der US-Marine im Bundesstaat New Jersey, etwa 100 km südwestlich von New York City gelegen. Dieses „Amerikaluftschiff", das zunächst die amerikanische Bezeichnung „ZR 3" („Zeppelin rigid" = Starrluftschiff) erhielt, war der erste Zeppelin, der vom europäischen Festland startete und den Atlantik überquerte. Überführt wurde es unter Leitung von Hugo Eckener, der, wie auch die anderen Luftschiffkapitäne Ernst August Lehmann und Hans von Schiller, bei seiner Ankunft und dann in New York stürmisch umjubelt wurde. Der US-amerikanische Präsident Calvin Coolidge sprach von einem „epochemachenden Erfolg" und teilte mit:

Halle in Lakehurst (1925)

> Es freut mich, dass die friedlichen Beziehungen zwischen Deutschland und den Vereinigten Staaten vollständig wiederhergestellt sind, und daß dieses große Lenkluftschiff die erste direkte Luftverbindung einweiht.[99]

LZ 126 und LZ 127 (rechts) in der Luftschiffhalle von Lakehurst (August 1929)

Landung des „Amerikaluftschiffes“ am 15. Oktober 1924 in Lakehurst/USA

In New York, wo Hugo Eckener und seine Mannschaft mit einer Konfettiparade und vor 6000 geladenen Besuchern im Capitol Theatre auf dem Broadway gefeiert wurden, herrschte Volksfeststimmung. In der Stadt war geflaggt, die Glocken hatten geläutet. Aber auch die Heimat nahm Anteil an der geglückten Überfahrt, entsprechende Feiern sind ebenso aus Kons-

nser Volkszeitung

Verkündigungsblatt des Kreisamts Worms

Organ für die Bekanntmachungen der Stadt Worms

Grundpreise für Anzeigen

Montag, den 13. Oktober 1924. | Jahrg. 27.

Die Amerikafahrt des Zeppelin.

Ausführlich berichteten die Tageszeitungen im Oktober 1924 über die „Amerikafahrt" des Zeppelins

tanz, Karlsruhe, München oder Dresden überliefert. Reichspräsident Friedrich Ebert telegrafierte an Eckener, den „Künder deutschen Könnens", und lobte sein Werk als „Großtat in der Geschichte". Glückwünsche kamen auch von der württembergischen und bayerischen Staatsregierung, dem hessischen Landtag, dem deutschen Städtetag oder dem Gesamtverband der christlichen Gewerkschaften.[100]

Tagelang berichtete die Presse ausführlich über „Die Ozeanfahrt des Zeppelin", „Die Amerikafahrt des Zeppelin" und „Die Landung des Zeppelin". Die Presse wertete die Fahrt des LZ 126 als „Weltwunder". Weil der Versailler Vertrag für viele Deutsche eine Demütigung und erschwerte Lebensbedingungen darstellte, vor allem in der französischen Besatzungszone (Pfalz, Rheinhessen, Rheinland), bedeutete die Berichterstattung anlässlich der „Amerikafahrt" Trost und Zuversicht, auch wenn es sich bei diesem Zeppelin um einen Teil der umfangreichen Reparationsleitung handelte:

> Tiefe Verehrung erfüllt uns vor dem Genie eines Zeppelins und der Tatkraft seiner Schüler. Mit Stolz sehen wir als Deutsche auf sie, denn Deutsche waren es, die dieses Wunderwerk zustande brachten. Es war deutscher Erfindergeist, deutscher Wagemut, deutsche Ausdauer, die dies vollendet haben. Es ist ein Friedenswerk, das hier geschaffen worden ist. Dem friedlichen Verkehr zwischen Deutschland, Europa und Amerika soll es dienen. Große Perspektiven öffnen sich damit dem Verkehr. Hat schon die Entwicklung der Dampfschiffahrt in den letzten Jahren in einer noch vor einem halben Jahrhundert ungeahnten Weise den Verkehr verkürzt, jetzt ist er durch die Luftschiffahrt auf einen Rekord um Stunden heruntergeschraubt worden durch eine wachsende Beherrschung der Luft. Ganz abgesehen davon, was dies für den Personenverkehr in Zukunft bedeuten kann, für Briefe

und Postverkehr bedeutet es im Interesse des Handelsverkehrs einen greifbaren Gewinn, dessen Wert, sobald einmal regelmäßige Luftflüge eingerichtet werden, jeder Kaufmann, jede Privatperson einzuschätzen vermögen wird. Ist dies schon eine zivilisatorische Großtat, so ist es darüber hinaus eine großartige Kulturleistung. Es ist eine Meisterleistung menschlichen Geistes über die Natur, wie sie einst nach der Sage ein Ikarus träumte und wie sie jetzt in die Wirklichkeit umgesetzt ist. Deutschland hat diese Kulturtat vollbracht. Das wird für alle Zeiten die große kulturgeschichtliche Bedeutung dieser Zeppelinfahrt sein.[101]

Zehn Jahre nach Beginn des Weltkrieges, in dem deutsche Luftschiffe Tod und Zerstörung nach England gebracht hatten, wurde der neue Zeppelin als „Friedenswerk" gepriesen; er sollte für eine neue, friedliche Epoche der internationalen Beziehungen stehen. Ein regelmäßiger ziviler Luftschiffverkehr war in den USA erst ein Jahr zuvor, im Oktober 1923, eingerichtet worden und bildete dort noch immer eine besondere Seltenheit. Entsprechend groß war das Interesse an dem deutschen Zeppelin:

In der amerikanischen Öffentlichkeit ist der höchste Grad der Spannung erreicht. Bereits gestern wurden Extrablätter in großer Aufmachung und mit Illustrationen ausgegeben. Die Zeitungen berichten, daß nach der Ankunft des Luftschiffes die Gasballons entleert und dem Publikum die Besichtigung gestattet wird. Eine Füllung des Schiffes mit dem unverbrennbaren Heliumgas wird 13 Tage beanspruchen. Nach der Füllung sollen Verkehrsflüge unternommen werden ...

Der Erfolg der deutschen Anleihe und der Zeppelinfahrt haben im Publikum einen gewaltigen Eindruck gemacht. Selbst bisher durchaus nicht deutschfreundliche Blätter erkennen an, daß diese Zeppelinfahrt eine neue Ära des Weltverkehrs einleite. In Lakehurst halten sich endlose Scharen von Deutschamerikanern auf, die aus fast allen Teilen der Vereinigten Staaten gekommen waren.[102]

Positiv klangen auch die Reaktionen in der österreichischen Presse, die die Fahrt als „Symbol des Wiederaufbaues Deutschlands" wertete. Über die „Neue Freie Presse" äußerte sich der Vizekanzler Dr. Felix Frank:

In einer Zeit, in der das deutsche Volk noch sehr um seine Existenz ringt, in welcher sich kaum die ersten Anzeichen einer besseren Zukunft zeigen, ist Deutschlands Tatkraft eine Leistung gelungen, die mit Recht die Bewunderung der ganzen Welt erweckt, ein Beweis der unversiegbaren Lebenskraft des deutschen Volkes, eine deutliche Antwort an alle, welche glauben, daß die Vernichtung oder Ausschaltung Deutschlands dem Kultur- und Wirtschaftsleben der übrigen zivilisierten Welt möglich sei.

Wir Deutsche in Österreich haben Ursache, uns über diesen Erfolg aufrichtig zu freuen und unseren Brüdern im Reiche Glück zu wünschen. Wir sehen in dem Gelingen des Unternehmens ein Symbol, daß Deutschland seine Weltgeltung in friedlicher Arbeit wiedererlangen wird, und wir wissen, daß Deutschlands Zukunft auch unsere Zukunft ist.[103]

Auch Hella Gräfin Brandenstein-Zeppelin meldete sich zu Wort:

> Zu meiner großen Freude ist nun der Gedanke und Wunsch meines Vaters, daß seine Luftfahrzeuge einst zum friedlichen Verkehr zwischen den Ländern dienen möchten, zur Wirklichkeit geworden. Wie hätte er sich über die Leistung des „Z.R.3" und den Empfang in Amerika gefreut, das ihn seit seiner Teilnahme am Sezessionskrieg bis zu seinem Lebensende in guter Erinnerung geblieben ist! Möge das amerikanische Volk Freude erleben an dem Bahnbrecher für deutsche Arbeit und Wissenschaft.[104]

Das US-amerikanische Marineministerium hatte zunächst geplant, den Zeppelin auf den Namen „Nokomis" zu taufen, in der Indianersprache bedeutet dies „Tochter des Mondes". Doch noch während des Empfangs für Eckener und seine Mannschaft im Weißen Haus in Washington teilte US-Präsident Coolidge mit, das neue Luftschiff solle unter dem Namen „Los Angeles" fahren, da es zum „Friedenssymbol zwischen Deutschland, den Vereinigten Staaten und allen anderen Mächten der Welt" geworden sei. Mit der formellen Übernahme von LR 3 von der amerikanischen Regierung wurden der deutschen Regierung 2,2 Millionen Dollar als Reparationsleistung gutgeschrieben. Einen Monat nach seiner Ankunft taufte Grace Coolidge, die Frau des Präsidenten, den Zeppelin auf den Namen „USS Los Angeles". Der „Friedensengel" stand als Schul- und Versuchsluftschiff im Dienst der US-Marine. 1932 wurde er aus wirtschaftlichen Gründen – Helium war damals sehr selten und teuer – außer Betrieb genommen, 1939 wurde er verschrottet. „Los Angeles" gilt mit 331 Fahrten und 345.000 km als erfolgreichstes Luftschiff der USA.

Wie einst Graf Zeppelin galt nun auch Hugo Eckener als Nationalheld. Noch während seines Aufenthaltes in den USA verliehen ihm New York sowie seine Geburtsstadt Flensburg die Ehrenbürgerwürde und die Technische Hochschule Stuttgart ernannte ihn zum Ehrendoktor. Die Begründung lautete:

> Dem erfolgreichen Führer der Amerikafahrt, in Anerkennung seiner Verdienste auf dem Gebiet der Luftschiffnavigation und seiner erfolgreichen Bestrebungen in der weiteren Verfolgung der Ziele des Grafen Zeppelin.[105]

Ein Jahr später erhielt er die Ehrendoktorwürde auch von der Technischen Hochschule Graz und die Universität Tübingen ernannte ihn zum Ehrensenator. Eckener genoss in jenen Jahren in der Bevölkerung ein so großes Ansehen, das an die einstige Verehrung Zeppelins heranreichte; seine schichtübergreifende Popularität führte dazu, dass er 1932 sogar als Kandidat für das Amt des Reichspräsidenten im Gespräch war.[106]

Dank Eckeners sympathischen, weltgewandten Auftretens als „Pionier des Friedens und des wirtschaftlichen Fortschritts", aber auch dank des internationalen Plädoyers für den Bestand der Zeppelinwerft blieb das Unternehmen in Friedrichshafen von der zunächst beabsichtigten Demontage verschont. Die Presse hatte bei ihrer Berichterstattung die „verkehrstechnische Verwendungsmöglichkeit dieser Art von Luftschiffen" überzeugend hervorgehoben und die „Zürcher Post" meinte:

> Die durch Wasserwüsten voneinander getrennten Kontinente sind näher gerückt, die Abgründe zwischen den Völkern kleiner geworden.

Aus einem Aufruf der Zeppelin-Eckener-Spende 1924 (oben)

Symbol der Zeppelin-Eckener-Spende war das „Z", das „Aufstieg und freie Zukunft" bedeuten sollte (1924) (links)

Nach seiner Rückkehr in Deutschland forcierte Dr. Hugo Eckener den Neuanfang der deutschen Luftschifffahrt, indem er die „Zeppelin-Eckener-Spende" initiierte, für die sich noch 1924 ein Reichsausschuss gründete, dessen Geschäftsstelle in Berlin lag. An der Aktion betei-

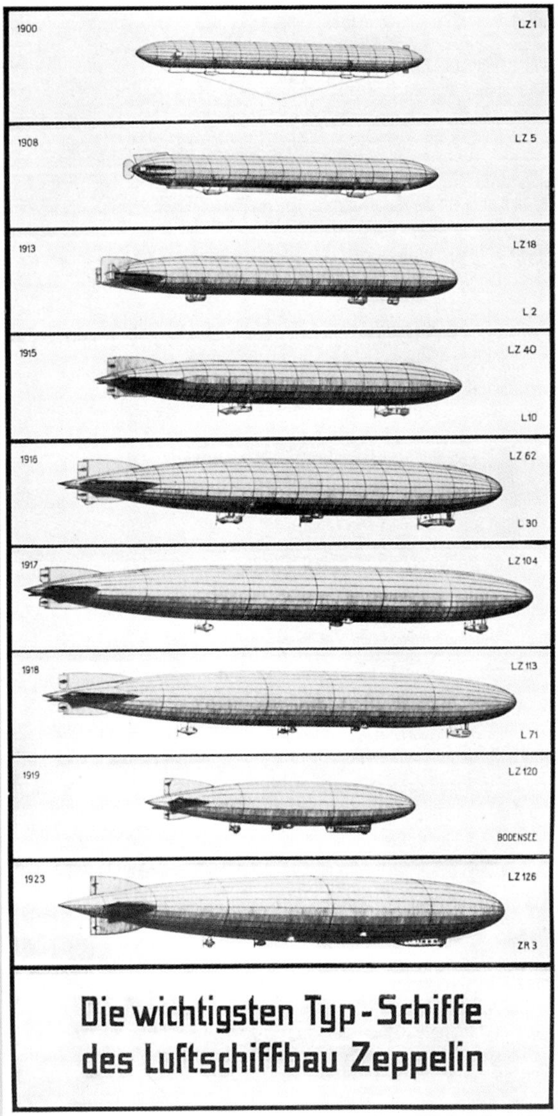

Übersicht der wichtigsten Typ-Schiffe des Luftschiffbaus Zeppelin

ligten sich auch die Luftschiffwerft Luftschiffbau Zeppelin GmbH sowie die Reichsregierung. Verkauft wurden etwa Zündholzbriefchen (5 Pf.), Postkarten mit dem Bildnis Zeppelins und Eckeners (10 Pf.), eine briefmarkenähnliche Spendenmarke (10 Pf.), Abzeichen und Anstecknadeln (je 1 M.), Künstlerpostkarten „Zeppelin-Luftschiff in Fahrt" (1 M.) etc. Unternehmen und Kommunen beteiligten sich an der praktischen Durchführung der Sammlungen. Vorgesehen war, dass „jeder Deutsche 10 Pfg." geben sollte. Ähnlich wie 1908 wurde in der „Reichssammelwoche" vom 6. bis 13. Juni 1926 für die deutsche Luftfahrt und damit für die „Zeppelin-Eckener-Spende" geworben. Neben vorbereiteten Sammellisten für Haussammlungen gab es auch vorgefertigte Einzahlungsscheine, mit denen man bequem auf das Konto 26539 beim Postscheckamt Berlin seine Spende einzahlen konnte. „10 Gebote" wurden aufgestellt, von denen das letzte lautete: „Du sollst wissen, daß noch nichts Großes ohne tatkräftige Hingabe in der Welt zustande kam. Folge darum dem Symbol, das Aufstieg und freie Zukunft bedeutet." Und das erste Gebot in der „Anweisung für Listensammler" hieß: „Sei freundlich und höflich, das ist die Vorbereitung für einen guten Erfolg."[107]

Reichsweit erbrachte die „Zeppelin-Eckener-Spende" 2,3 Millionen Reichsmark (RM). Diese Summe entsprach einem Drittel des avisierten Betrages. Deutschland hatte damals rund 62,5 Millionen Einwohner; bei einer durchschnittlichen Mindestspende von lediglich 10 Pfennigen pro

Bewohner hätten ca. 6,3 Millionen RM zusammenkommen müssen. Die Reichsregierung sponserte den Bau eines neuen Zeppelins mit 1,1 Millionen RM, die restlichen Baukosten übernahm die Luftschiffbau Zeppelin GmbH.

LZ 127: „Graf Zeppelin"

Schließlich wurde nach 21 Monaten Bauzeit der LZ 127 am 18. September 1928 für die DELAG in Dienst gestellt. Das erste „Nachkriegsluftschiff" für den deutschen Luftverkehr war zwei Monate zuvor, anlässlich des 90. Geburtstages Zeppelins, von seiner Tochter Hella Gräfin von Brandenstein-Zeppelin auf den Namen „Graf Zeppelin" getauft.

1991 erinnerte die Deutsche Bundespost mit einer 165-Pfennig-Sonderbriefmarke an LZ 127 „Graf Zeppelin".

Mit einer Länge von 237 m, einem Durchmesser von 30 m und einem Traggasvolumen von 105.000 cbm[2] war das neue Luftschiff eine beeindruckende Erscheinung am Himmel, zugleich stolzer Ausdruck eines „wiederauferstandenen", selbstbewussten Deutschlands. Die Gesamtmotorenleistung lag bei 2750 PS, mit denen eine Höchstge-

Auf seiner Probefahrt überquerte LZ 127 auch das Nordufer des Bodensees. (1928)

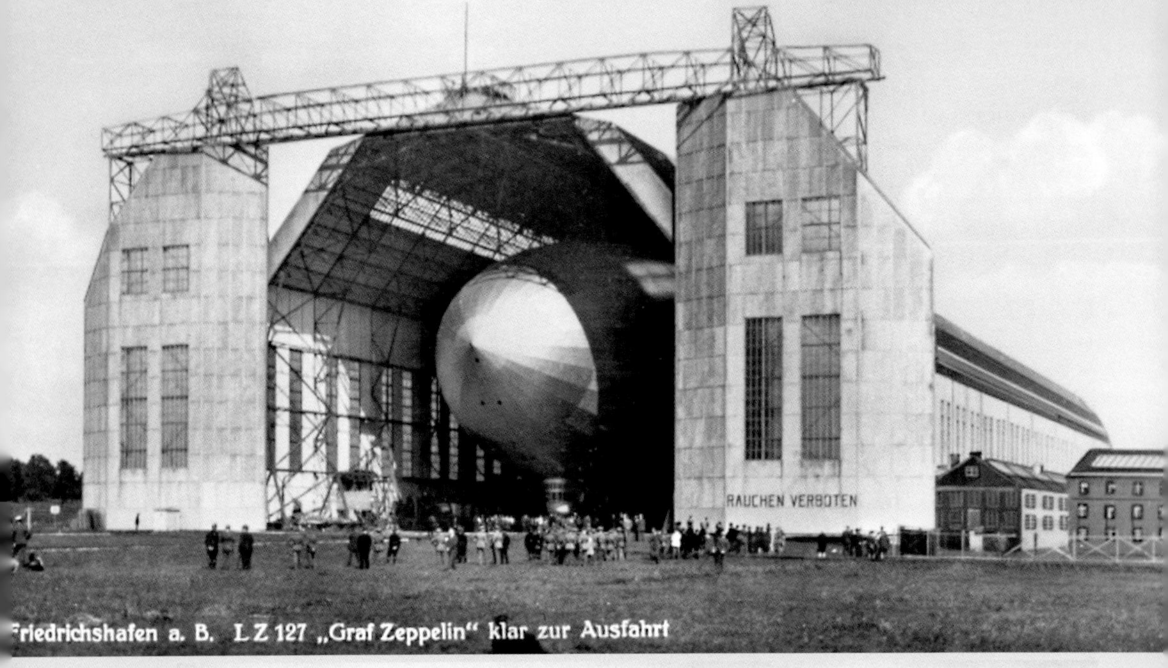

„Graf Zeppelin" vor einer Ausfahrt, 1928 (ganz oben), und „Graf Zeppelin" über der 1929 neu errichteten Luftschiffhalle (254 m lang, 59 m breit, 50 m hoch) in Friedrichshafen (Karte von 1930)

Maybach-Motor in LZ 127

Fahrgastkabine in LZ 127 (oben links); Fahrgastraum in LZ 127 (oben rechts); Geschirr für die Fahrgäste von LZ 127; Passagierkabine in LZ 127 (unten rechts)

schwindigkeit von 128 km/h und eine Reichweite von 12.000 km erreicht werden konnte. Die Gondel befand sich unterhalb des Schiffskörpers, im vorderen Teil waren Führerkabine, Navigationsraum, Funkraum und Küche untergebracht. In der Mitte lagen der 25 m² große Aufenthalts- und Speiseraum mit großen Aussichtsfenstern sowie zehn Kabinen mit je zwei übereinanderliegenden Betten für die Fahrgäste. Im hinteren, spitz zulaufenden Teil befanden sich Waschräume und Toiletten. Die Räume für die 45-köpfige Besatzung lagen im Inneren des Zeppelins.

Bereits zwei Tage nach Inbetriebnahme startete „Graf Zeppelin" zu einer ganztägigen Südwestdeutschlandfahrt. LZ 127 galt als erfolgreichstes

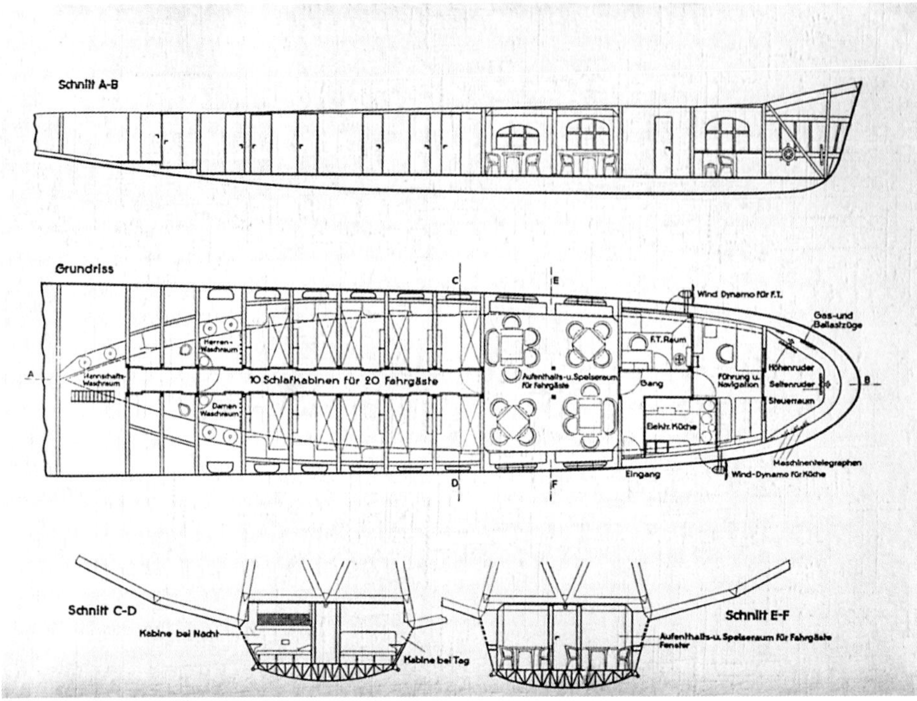

Grundriss von LZ 127

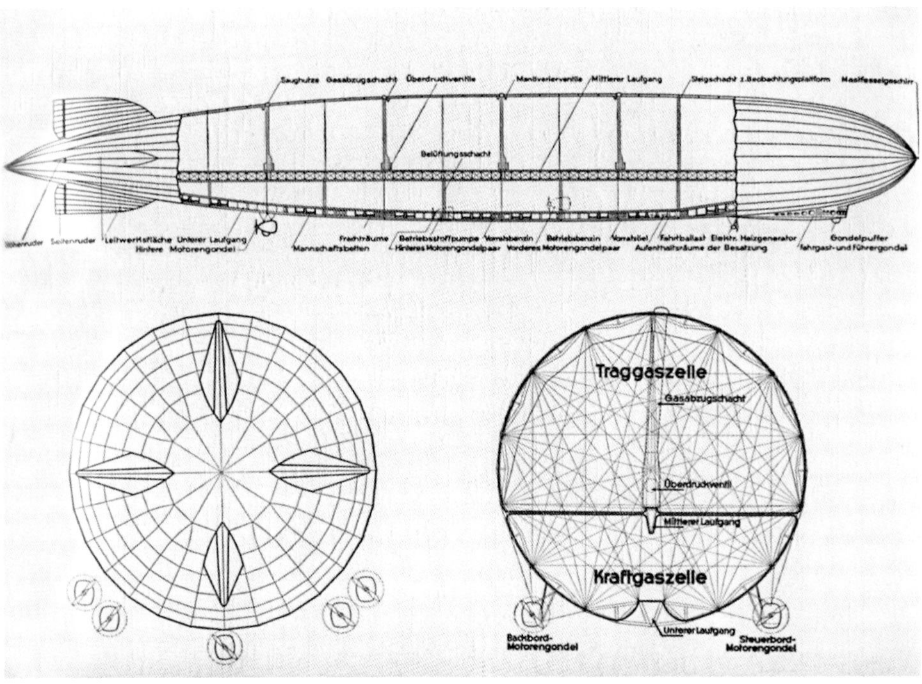

Längsschnitt von LZ 127

Salon der „Graf Zeppelin“

Verkehrsluftschiff seiner Zeit, das zahlreiche spektakuläre Fahrten unternahm. Die erste Atlantiküberquerung („Nordamerikafahrt“) fand Mitte Oktober 1928 statt. Wie vier Jahre zuvor, bei Ankunft des „Amerikaluftschiffes“, wurde die Landung der „Graf Zeppelin“ in New York und in der Heimat medial inszeniert. Sogar Hermann Hesse äußerte sich in seinen Betrachtungen „Lektüre im Bett“ über diesen sensationellen Transatlantikflug:

> Aus einer Zeitungsnotiz erfahre ich, daß ein Zeppelinluftschiff unter Führung von Dr. Eckener im Begriff sei, von Amerika zurückzufliegen. Also muß es vorher auch hinübergeflogen sein. Eine schöne Leistung! Diese Nachricht erfreut mich. Und wie viele Jahre habe ich nicht mehr an den Dr. Eckener gedacht, unter dessen Führung ich einst vor 17 Jahren meinen ersten Zeppelinflug über den Bodensee und den Arlberg machte. Ich erinnere mich eines kräftigen, aber wortkargen Mannes mit einem festen, zuverlässigen Kapitänsgesicht, dessen Gesicht und Namen ich mir damals gemerkt habe, obwohl ich nur wenige Worte mit ihm wechselte. Und nun ist also, nach all diesen vielen Jahren und Schicksalen, dieser Mann noch immer an der Arbeit, er hat weitergemacht und ist schließlich bis Amerika geflogen, und weder Krieg noch Inflation, noch persönliche Schicksale haben ihn abhalten können, seinen Dienst zu tun und seinen festen Kopf durchzusetzen. Ich sehe ihn noch deutlich vor mir, wie er damals im Jahr 1911 mir einige freundliche Worte sagte … Er ist im Krieg nicht General, er ist in der Inflation nicht Bankier geworden, er ist immer noch Schiffbauer und Kapitän, er ist seiner Sache treu geblieben.[108]

Einbringen des Luftschiffs LZ 127 „Graf Zeppelin", 1929

Funkraum der „Graf Zeppelin"

Zu den weiteren Höhepunkten seiner Geschichte gehören die insgesamt 34.200 km lange und 300 Stunden währende „Weltfahrt" mit Zwischenlandungen in Tokio, Los Angeles und Lakehurst (1929), die „Südamerikafahrt" (1930) sowie die „Ägypten-Palästina-Rundfahrt" und die „Polarfahrt" (1931). Das Kommando aller Fahrten lag bei Hugo Eckener, der

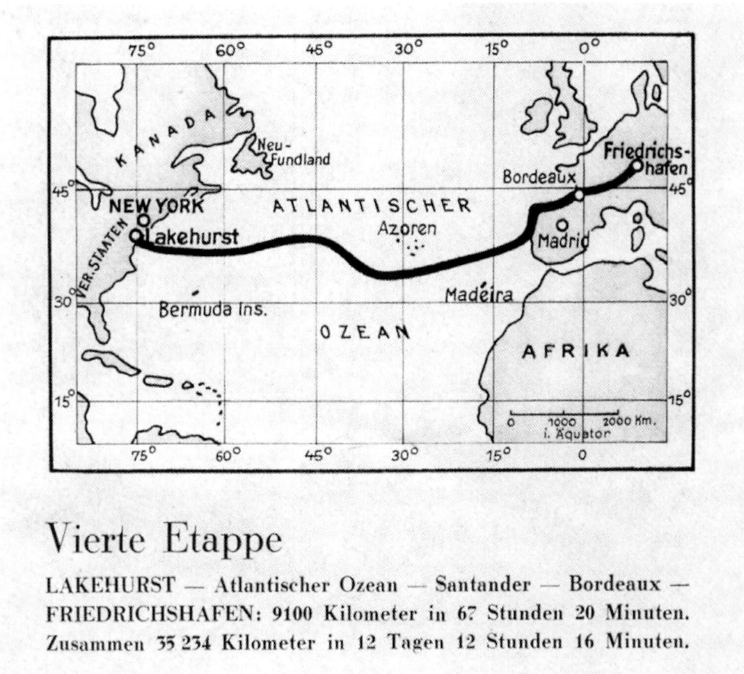

Die „Weltfahrt" der LZ 127 „Graf Zeppelin" wurde 1929 mit großer Aufmerksamkeit verfolgt.

im August 1929 auch vom US-Präsidenten Herbert C. Hoover empfangen worden war. Für die Zeitgenossen und das internationale Ansehen Deutschlands war die vielfach publizierte „Weltfahrt" von so großer Bedeutung, dass das Reichsfinanzministerium 1930 eine 3- und 5-RM-Silbergedenkmünze mit dem Schriftzug „Graf Zeppelin Weltflug 1929" prägen ließ.[109]

Mit diesen legendären Langstreckenflügen, die damals eine echte Sensation waren, hatte Eckener weltweit für Aufsehen gesorgt und bewiesen, dass „sein" Zeppelin jeder Wetterlage und jeder Klimazone gewachsen schien. Und mit solch publikumswirksamen Aktionen hatte er sich selbst als würdiger Nachfolger Zeppelins erwiesen – in der Presse erhielt er den treffenden Spitznamen „Magellan der Lüfte". Nach Eckener sind heute Schulen in Flensburg, Friedrichshafen und Berlin sowie bundesweit rund 40 Straßen benannt. Auch hatte sich mit diesen außergewöhnlichen Fahrten eine Vision Graf Zeppelins erfüllt: 1901, in Zeiten der Rückschläge und ungewissen Zukunft seines Projekts, hatte er in einem Vortrag gesagt:

LZ 127 *über dem Capitol in Washington (1929)*

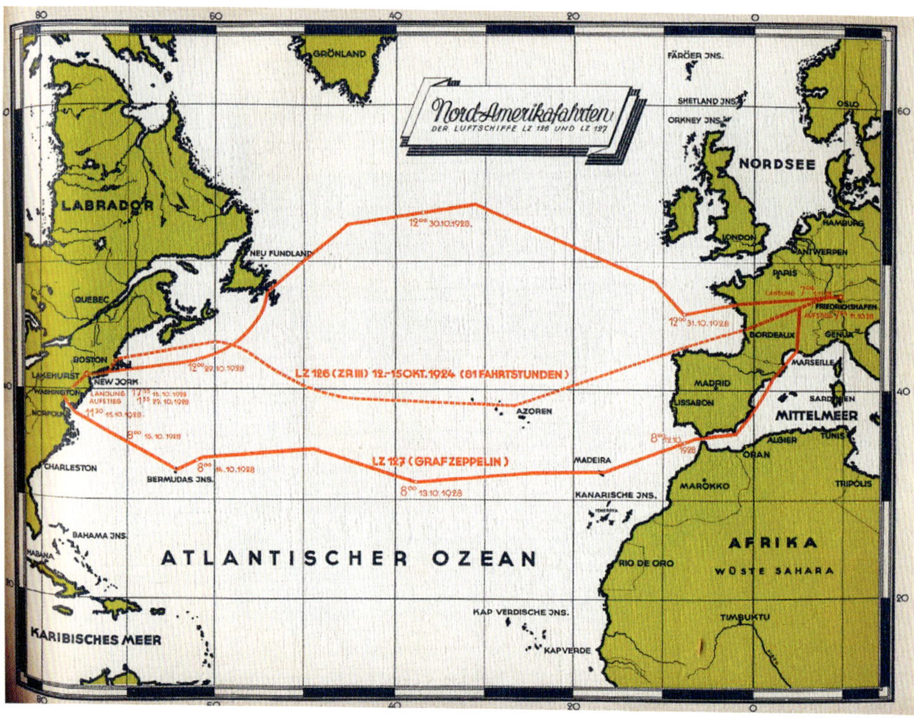

Karte der „Nordamerikafahrt" der LZ 127 *(1929)*

Karte der „Südamerikafahrt" der LZ 127 (1930)

> Damit [mit stärkeren Motoren] würde man in 22 Stunden, also ungefähr gleich wie die schnellste sonstige Verbindung von hier nach London fahren, und zwar ohne Umsteigen, ohne Eisenbahnstaub und ohne Seekrankheit, in wohltuendster Ruhe, im reinsten Aether; von London dann nach New York in 5 ½ Tagen; von Sansibar nach Kamerun quer durch Afrika in etwas über drei Tagen.[110]

Um 1930 erwiesen sich die Luftschiffe trotz ihrer hohen Herstellungskosten, ihrer aufwändigen Wartung und der komplizierten Handhabung bei der Landung – rund 100 Mann Bodenpersonal waren für das Landemanöver erforderlich – als ernst zu nehmende Konkurrenz für den aufkommenden Langstreckenverkehr der Flugzeuge. Von besonderer Bedeutung war auch die Fahrt des LZ 127 vom 20. Juli

Zahlreiche Journalisten berichteten über die „Weltfahrt", so auch Max Geysenheyner, der im Auftrag der „Frankfurter Zeitung" an der Fahrt teilgenommen hatte.

1930 erschienen Postkarten unter dem Motto „Lernt Deutschland kennen!". Im Bild eine Karte mit einer 6-Pfennig-Briefmarke des (im Jahre 1925 verstorbenen) Reichspräsidenten Friedrich Ebert, die das Luftschiff „Graf Zeppelin" über Friedrichshafen zeigt.

Herbstfahrplan der Luftschiffbau Zeppelin GmbH (1932)

en (1935 wurde in Rio de Janeiro eine Luftschiffhalle eingeweiht). Ab 1933 trug der „Gigant der Lüfte" auf den Heckflossen Hakenkreuze und stand gelegentlich auch im Dienste der nationalsozialistischen Propaganda, etwa am 1. Mai 1933, als er am erstmals begangenen arbeitsfreien „Tag der nationalen Arbeit" eine Stunde lang Runden über dem Tempelhofer Feld in Berlin drehte. Rund 1,5 Millionen Schaulustige waren auf den ehemaligen kaiserlichen Paradeplatz gekommen, um das bunte Volksfest, das eines der ersten Rundfunkereignisse des gerade erst etablierten

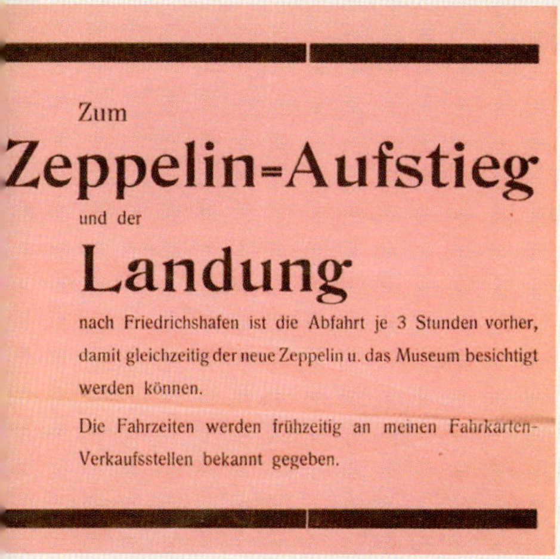
Zum
Zeppelin=Aufstieg
und der
Landung
nach Friedrichshafen ist die Abfahrt je 3 Stunden vorher, damit gleichzeitig der neue Zeppelin u. das Museum besichtigt werden können.

Die Fahrzeiten werden frühzeitig an meinen Fahrkarten-Verkaufsstellen bekannt gegeben.

weis an Schiffsangestellte in Konstanz (1931)

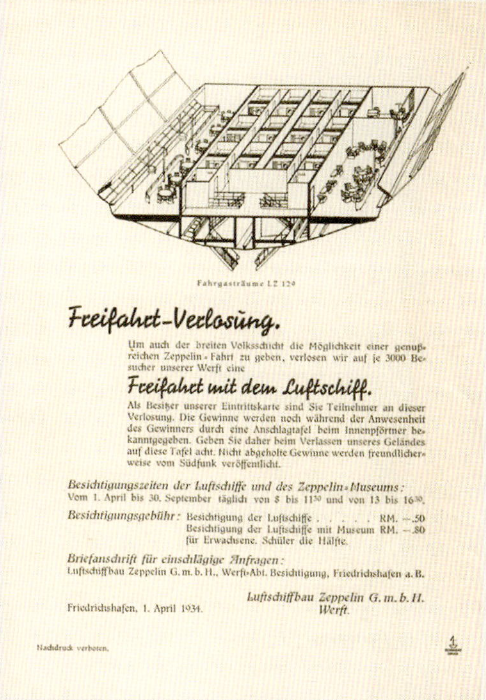
Fahrgasträume LZ 129

Freifahrt-Verlosung.

Um auch der breiten Volksschicht die Möglichkeit einer genußreichen Zeppelin-Fahrt zu geben, verlosen wir auf je 3000 Besucher unserer Werft eine

Freifahrt mit dem Luftschiff.

Als Besitzer unserer Eintrittskarte sind Sie Teilnehmer an dieser Verlosung. Die Gewinne werden noch während der Anwesenheit des Gewinners durch eine Anschlagtafel beim Innenpförtner bekanntgegeben. Geben Sie daher beim Verlassen unseres Geländes auf diese Tafel acht. Nicht abgeholte Gewinne werden freundlicherweise vom Südfunk veröffentlicht.

Besichtigungszeiten der Luftschiffe und des Zeppelin-Museums:
Vom 1. April bis 30. September täglich von 8 bis 11.30 und von 13 bis 16.30.

Besichtigungsgebühr: Besichtigung der Luftschiffe . . . . . RM. –.50
Besichtigung der Luftschiffe mit Museum RM. –.80
für Erwachsene. Schüler die Hälfte.

Briefanschrift für einschlägige Anfragen:
Luftschiffbau Zeppelin G.m.b.H., Werft-Abt. Besichtigung, Friedrichshafen a.B.

Luftschiffbau Zeppelin G.m.b.H.
Werft.

Friedrichshafen, 1. April 1934.

Nachdruck verboten.

Mit seiner Eintrittskarte für die Zeppelinwerft nahm man an einer „Freifahrt-Verlosung“ teil (1934).

Der Zeppelin diente auch in den 1930er Jahren als beliebtes Werbe-Motiv, hier für Schreibmaschinen (1935).

Anlässlich der „Polarfahrt“ erschienen 1931 Briefmarken mit dem Zeppelinmotiv zu einer, zwei und vier Reichsmark.

Auch die USA widmete dem „Grafen Zeppelin“ eine Briefmarkenserie.

Teil einer Postkarte mit dem Stempel „Zur Erinnerung an die Besichtigung des Luftschiffes Graf Zeppelin“ (21. Juli 1930)

Bei seinen Fahrten war „Graf Zeppelin" häufig über Deutschland zu sehen – hier im November 1930 über Worms.

Verladen von Proviant (1932) und Post (1932)

„Dritten Reiches" war, mitzuerleben. Gäste der „Graf Zeppelin" waren ausgewählte Arbeitslose und Vertreter verschiedener Berufsklassen sowie ein Reporter des Reichsrundfunks, dessen Bericht live übertragen wurde.[113] Und vier Monate später hatte der beliebte Zeppelin seinen Einsatz bei einer weiteren Massenveranstaltung: Anfang September 1933 schwebte er anlässlich des Reichsparteitags über Nürnberg. In dem Propagandafilm „Sieg des Glaubens" von Leni Riefenstahl aus demselben Jahr ist diese Fahrt als besonderes zeitgeschichtliches Dokument verewigt.

Bis Ende 1935 hatte das außergewöhnliche Luftschiff eine Strecke von ca. 1,35 Millionen km unfallfrei zurückgelegt und dabei rund 12.000 Pas-

Ein „Führer durch die Zeppelinwerft" informierte über „Graf Zeppelin" (1934).

Ein Fahrplan der Deutschen Zeppelin-Reederei informierte über Fahrzeiten und Preise nach Übersee (1935).

sagiere und mehrere Millionen Briefe befördert. „Graf Zeppelin" war international ein „Star", ein anerkanntes Symbol deutscher Technik und Wirtschaftskraft, zudem ein beliebtes Motiv auf in- und ausländischen Briefmarken.

Bereits 1928 brachte die Deutsche Reichspost anlässlich der „Nordamerikafahrt" zwei Briefmarken zu je 2 RM (ultramarin) und 4 RM (schwarzbraun) heraus. Zwei Jahre später wurden von diesen Marken Restbestände verkauft, die lediglich den Aufdruck „1. Südamerika-Fahrt" erhielten. Auch die US-amerikanische Post verausgabte anlässlich der Atlantiküberquerung von 1930 (Friedrichshafen – Sevilla – Recife – Rio de Janeiro – Recife – Lakehurst – Sevilla – Friedrichshafen) drei Sonderbriefmarken, die für die Luftpostbeförderung vorgesehen waren. Das Motiv der Briefmarken von 1928 und 1930 (Zeppelin über einer Erdkugel) verkaufte die Reichspost nochmals 1931 mit dem Aufdruck „Polarfahrt 1931" und 1933 mit dem Zusatz „Chicagofahrt Weltausstellung 1933". 1935 wurde LZ 127 von der neu gegründeten Deutschen Zeppelin-Reederei (DZR) übernommen, die 1936 auch den Bau des Schwesternluftschiffs LZ 129 in Auftrag gab.

LZ 129 „Hindenburg"

Ab Herbst 1931 entstand nach Plänen von Ludwig Dürr das bislang größte gebaute Luftschiff, das am 4. März 1936 erstmals startete und auf den Namen des am 2. August 1934 verstorbenen Reichspräsidenten Paul von Hindenburg getauft wurde. Seine Dimensionen waren beachtlich und reichten fast an das 1912 in Dienst gestellte Passagierschiff „Titanic" heran: 247 m lang, 41 m im Durchmesser, 45 m hoch, der Prallgasinhalt betrug 200.000 cbm und das Leergewicht 118 t. Wie die bisher gefertigten Zeppeline bestand das Gerippe aus Duraluminium, die neuartige Hülle aber aus imprägnierter Baumwolle und Leinen mit einer Gesamtfläche von 34.000 m^2. Um die Brandgefahr zu reduzieren, waren Gaszellen für Wasserstoff und für Helium vorgesehen (da Deutschland jedoch nicht über

Bau der LZ 129 „Hindenburg" in Friedrichshafen (1935)

Ludwig Dürr (1878–1956), Chefkonstrukteur der Luftschiffe „Graf Zeppelin" und „Hindenburg"

Helium verfügte, blieb es bei der Wasserstofffüllung). Mit insgesamt 4200 PS – erstmals bediente sich der Zeppelinbau Motoren der Firma Mercedes – war die Leistung gegenüber „Graf Zeppelin" deutlich stärker, die Reichweite lag bei 16.000 km und die durchschnittliche Reisegeschwindigkeit bei 125 km/h. Neuartig war auch die Anordnung der 25 Passagierkabinen, die verteilt auf zwei Decks im Schiffsinneren lagen.[114] So spartanisch die Kabinen eingerichtet waren (Doppelstockbett, Waschbecken), so elegant waren die übrigen Aufenthaltsräume: Schreib- und Lesezimmer mit Bordbibliothek, Rauchsalon,

Der Speisesaal im Luftschiff LZ 129 „Hindenburg" (1936)

Die Passagiere speisten aus edlem Porzellan der Firma Heinrich aus Selb/Oberbayern.

Kofferanhänger (Zeppelin-Museum Friedrichshafen)

Gegenüberliegende Seite: Am 1. August 1936 schwebte die „Hindenburg" über dem Berliner Olympiastadion.

Bar, Gesellschaftsraum mit einem eigens hergestellten Aluminium-Flügel der Firma Blüthner. Der gesamte Fahrgastbereich betrug insgesamt 400 m^2, verteilt auf zwei Stockwerke.[115]

Zur Ausstattung des „schwebenden Grandhotels“ gehörte auch das eigens für die „Hindenburg“ kreierte elfenbeinfarbene Porzellan mit blaugoldenem Dekor der Firma Heinrich aus Selb/Oberfranken. Auf jeden Geschirrteil war das Emblem der DZR, ein Luftschiff auf einer Weltkugel, zu sehen. Mit ihrer Auslieferung am 19. März 1936 an die Deutsche Zeppelin-Reederei erhielt die „Hindenburg" einen neuen Heimathafen: Sie war untergebracht in der 1935 errichteten 272 m langen Luftschiffhalle auf dem neuen Rhein-Main-Flughafen Frankfurt. Von dort startete sie unter Leitung von Kommandant Ernst August Lehmann erstmals Ende März nach Rio de Janeiro, wobei sich an Bord nur geladene Gäste und Journalisten befanden. Die Fahrt nach Brasilien dauerte 83 Stunden und kostete 1500 RM pro Person in der Doppelkabine und 2100 RM in der Einzelkabine. Die erste reguläre und kommerzielle Verbindung in die USA erfolgte am 6. Mai 1936. In ihrem ersten Jahr beförderte die „Hindenburg" rund 1600 Passagiere über den Atlantik, wobei die durchschnittliche Fahrzeit nach Lake-

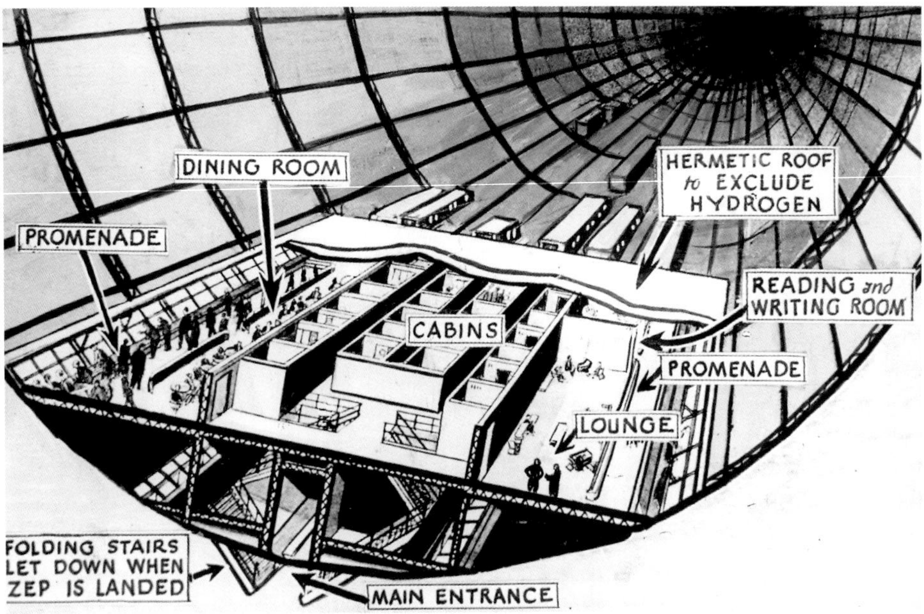

Grafische Darstellung des Innenraumes der „Hindenburg" (1936)

hurst 59 Stunden betrug. Ein Fahrschein für diese Strecke kostete je nach Saison zwischen 1000 und 1125 RM (entspricht heute ca. 10.000 €) pro Person in der Doppelkabine (diese Summe entsprach einem halben Jahresgehalt eines Maschinisten der „Hindenburg") und zwischen 1875 RM und 2100 RM in der Einzelkabine. Damit war die Fahrt teurer als eine Erste-Klasse-Kabine auf der „Queen Mary", jenem legendären Passagierschiff, das ab Mai 1936 zwischen Southampton und New York verkehrte.

Die „Hindenburg“ über Lissabon (1936)

Ab 1937 konnten die Passagiere der „Hindenburg“ auch die Dienste eines Bordarztes in Anspruch nehmen.[116]

Noch bevor LZ 129 nach Brasilien fuhr, wurde sie in den Dienst der nationalsozialistischen Propaganda gestellt: Anlässlich der Reichstagswahl vom 29. März 1936 unternahm LZ 129 gemeinsam mit LZ 127 eine viertägige „Deutschlandfahrt“, bei der die Besatzung Flugblätter für die Nationalsozialisten abwarfen. Und vier Monate später, während der Eröffnungsfeier der Olympischen Spiele am 1. August 1936, überfuhr die „Hindenburg“ das Olympia-Stadion in Berlin.

Zum Mythos ist die „Hindenburg“ jedoch aufgrund ihres Endes und den vielen Legenden, die sich um diese Tragödie spinnen, geworden: Am Abend des 3. Mai 1937 war das Luftschiff unter dem Kommando von Max Pruss in Frankfurt/Main gestartet und nach drei Tagen planmäßiger Fahrt am Donnerstagabend, dem 6. Mai, über Lakehurst angekommen. Außer der Mannschaft und den Passagieren (Deutsche, Amerikaner, ein Däne, ein Schwede, ein Engländer) befanden sich zwei Hunde, 880 kg Gepäck der Fahrgäste, 108 kg Post und 148 kg Fracht an Bord.

Trotz Verspätung aufgrund Unwetters hatte LZ 129 die übliche Ehrenrunde über Manhattan gedreht und dann Kurs auf Lakehurst genommen, wo aus Sicherheitsgründen die Landung zunächst untersagt wurde. Pruss steuerte wieder Richtung New York, machte kehrt und erschien gegen 19 Uhr erneut über Lakehurst. Doch noch immer stürmte und regnete es während des Landemanövers und plötzlich, zum Entsetzen der Wartenden,

Eine Douglas RD-4 Spica der US-Küstenwache eskortiert LZ 129 „Hindenburg" nach Lakehurst. Ganz rechts ist das Luftschiff LZ 126 zu sehen, später USS „Los Angeles" (ZR 3), das in Deutschland auch als „Reparations-" oder „Amerikaluftschiff" bekannt war (Mai 1936).

verunglückte die „Hindenburg" gegen 19.20 Uhr. Auf dem Flugplatz befanden sich nicht nur Freunde und Verwandte der Ankommenden, sondern auch neue Passagiere: Die „Hindenburg" sollte ursprünglich gegen Mitternacht wieder nach Frankfurt zurückfahren, um pünktlich zu den Krönungsfeierlichkeiten des neuen englischen Königs Georg VI. am 12. Mai in Europa zu sein. Doch ein schnell ausbreitendes Wasserstofffeuer, das im Heckteil des Zeppelins ausgebrochen war, ließ das Luftschiff innerhalb einer halben Minute brennend zu Boden fallen. Von den 36 Passagieren verstarben 13, von den 61 Besatzungsmitgliedern kamen 22 ums Leben, ebenso starb ein Mitarbeiter des Bodenpersonals. Zu den Opfern gehörte auch Flugschiffkapitän Ernst August Lehmann, der als Beobachter der Fahrt an Bord war und am Tag nach dem Unglück seinen Verletzungen erlag.

LZ 129 „Hindenburg" in Lakehurst/New Jersey (Januar 1937)

6. Mai 1937: Die LZ 129 „Hindenburg" über New York; einige Stunden vor der Katastrophe in Lakehurst

Dieses Unglück war der erste tödliche Unfall in der zivilen Luftfahrt mit Zeppelinen seit dem Ersten Weltkrieg und die erste Katastrophe, die die Hörer unmittelbar am Rundfunk miterleben konnten. Der 31-jährige Rundfunkreporter Herbert Morrison sollte eigentlich gemeinsam mit dem

Die brennende „Hindenburg" am 6. Mai 1937 in Lakehurst

Tontechniker Charles Nehlsen für den Chicagoer Sender WLS die Landung der „Hindenburg" kommentieren. Anlass des Live-Berichts war der Jahrestag der Eröffnung des transatlantischen Luftverkehrs und der Start der Flugsaison des Jahres 1937. Morrison begann seinen Bericht sachlich:

> Das Luftschiff steht jetzt praktisch still. Aus dem Bug des Luftschiffes werden Seile herabgelassen und eine Reihe von Männern vom Bodenpersonal versucht die Seile nun zu fixieren. Es beginnt schon wieder zu regnen, aber es sieht so aus, als ließe das bald wieder nach. Die hinteren Rotoren des Luftschiffes halten es gerade noch weit genug von ...

Plötzlich veränderte sich Morrisons Stimme und in den nächsten Minuten folgte eine von Emotionen geprägte beispiellose Schilderung des Geschehens; mehrfach erleben die Hörer die Sprachlosigkeit, das Entsetzen, die Hilflosigkeit des Reporters hautnah mit:

> Es hat angefangen zu brennen! Es hat angefangen zu brennen und es fällt, es stürzt ab! Schauen Sie sich das an! Schauen Sie sich das an! Weg da, gehen Sie aus dem Weg. Nimm das auf Charlie, nimm das bloß auf, Charlie. Es sinkt – und es stürzt

> ab! Es stürzt ab. Grauenhaft. Oh mein Gott. Raus da, weg da, aus dem Weg, bitte. Es brennt und geht in Flammen auf ... Und all die Menschen dazwischen, das ist ja grauenhaft, das ist die – eine der schlimmsten Katastrophen der Weltgeschichte. Und alle diese Menschen. Es stürzt ab, es brennt. In 130 bis 150 m Höhe! Und es – es ist ein unglaublicher Absturz, meine Damen und Herren. Der Rauch und dieses Flammenmeer, und jetzt kracht der ganze Rahmen auf den Boden, etwas neben dem Mast am Ankerplatz ...
>
> Oh Menschentum [oh the humanity] – und all die Passagiere rennen kopflos umher. Ich habe Ihnen gesagt: es – ich kann nicht mal mit den Menschen sprechen, die hier herumstehen und deren Freunde in dem Luftschiff sind! Es ist – es – es ist ein ah! Ich weiß nicht, was ich sagen soll, meine Damen und Herren. Offen gesprochen: es liegt einfach eine einzige Masse an rauchendem Schrott vor mir. Und kaum einer wagt zu atmen hier, geschweige denn zu sprechen und dann dieses Geschrei. Meine Damen, ich – ich – es tut mir leid, ehrlich: ich – ich kann kaum atmen. Ich muß nach drinnen gehen, wo ich das Ganze nicht mehr sehen kann, weil ich es einfach nicht mehr ertrage. Charlie, es ist einfach furchtbar. Ah – ich kann nicht mehr. Hören Sie, meine Damen und Herren, ich – ich muß jetzt für ein paar Minuten aufhören, weil ich meine Stimme verloren habe. Das ist das schrecklichste, was ich jemals gesehen habe.[117]

Von dem Unglück existieren auch Film- und Fotoaufnahmen, doch diese Radioreportage ist von höchster Authentizität geprägt. Bis heute gehört die Schilderung von Herbert Morrison, der mit seinem Beitrag weltberühmt wurde, zu den erschütterndsten Tondokumenten des 20. Jahrhunderts, das eindrucksvoll den plötzlichen Wandel des Zeppelins vom Symbol des Fortschritts zum Sinnbild des Scheiterns wiedergibt.

Tagelang berichtete die in- und ausländische Presse über die Explosion der „Hindenburg“, gab die Spekulationen der Unglücksurache wieder, brachte Zeitzeugenberichte und diverse Hintergrundinformationen, veröffentlichte die Namen der Getöteten und Verwundeten. Positiv vermerkt wurde auch die „amerikanische Hilfsbereitschaft“[118]: Die Polizei von New Jersey sandte sofort Rundfunkalarm über den ganzen Staat, um Ärzte, Krankenwagen und Krankenschwestern herbeizurufen. Auch die Luftfahrtgesellschaft „American Air Lines“ sandte von Newark aus ein Flugzeug mit Ärzten und Verbandsmaterial. Die Rettungsarbeiten unterstanden einer Kompagnie Soldaten aus Philadelphia, die als Reserve für die Landungsmannschaft bereit stand. Das Unglück hat in Lakehurst und in ganz Amerika große Anteilnahme ausgelöst. Der Handelsminister Roper, der in Washington von dem Unglück benachrichtigt wurde, erklärte: „Ich bin von diesem furchtbaren Unglück tief getroffen.“

Die Berichte der ausländischen Presse wurden auszugsweise zitiert, Beileidstelegramme ausländischer Regierungschefs veröffentlicht, ebenso das Telegramm Adolf Hitlers an die Deutsche Zeppelin-Reederei:

Die Überreste der „Hindenburg“ nach der Katastrophe von Lakehurst

An dem schweren Schicksalsschlag, der Sie durch den Verlust des Luftschiffes „Hindenburg“ und durch den Tod zahlreicher Mitglieder der Besatzung und Passagiere getroffen hat, nehme ich herzlich Anteil. Ich bitte Sie, den Familien der verunglückten Fahrgäste sowie den Hinterbliebenen der in treuer Pflichterfüllung ums Leben gekommenen Angehörigen Ihrer Reederei mein tief empfundenes Beileid, den Verletzten meine Wünsche für baldige Wiederherstellung auszusprechen. Als erste Hilfe für die Familien der Besatzungsmitglieder stelle ich Ihnen den Betrag von 30.000 RM zur Verfügung.[119]

Propagandaminister Joseph Goebbels notierte in sein Tagebuch unter dem 8. Mai:

> Gestern: in der Nacht lese ich die reizenden „Kleinstadtgeschichten" von Ludwig Thoma, da schrillt das Telephon: das Luftschiff „Hindenburg" ist in Lakehurst durch eine Brandkatastrophe vollständig vernichtet. Viele Tote und Verletzte. Ein entsetzliches Unglück, das uns alle auf das Tiefste betroffen hat. Ich bin ganz konsterniert und kann die Nacht nicht mehr schlafen ...
>
> Beim Führer Mittag. Er ist tief erschüttert von dem Unglück in Lakehurst. Aber er hat das immer vorausgesehen und geahnt. Er hält gar nichts von Luftschiffen. Die Zukunft gehört dem Flugzeug. Da hat er recht ...
>
> Abends zum Führer. Es besteht ein gewisser Verdacht, daß die Katastrophe von Lakehurst auf Sabotage zurückzuführen sei. Aber das wird man wohl nie feststellen. Göring und Eckener hatten Drohbriefe erhalten. Die ganze Welt nimmt an unserem Unglück Anteil.[120]

Hamburger Nachrichten

Hamburger Neueste Nachrichten — Stadt-Anzeiger am Abend — Hamburger 8-Uhr-Abendblatt

L. Z. „Hindenburg" durch Explosion zerstört

Gerettet: 22 Fahrgäste und 43 Besatzungsmitglieder. Vermißt 30 Personen / Erste Augenzeugenberichte

Absturz in Lakehurst.

36 Fahrgäste des Luftschiffes „Hindenburg".

Trauerbeflaggung in Hamburg.

Ueber den Trümmern von Lakehurst: Luftschiff marsch!

Alle Zeitungen, hier die „Hamburger Nachrichten" vom 7. Mai 1937, berichteten über das Unglück.

Einen Tag später notierte Goebbels:

> Kapitän Lehmann seinen Verletzungen erlegen. Man vermutet nun bei der Katastrophe immer mehr Sabotage. Göring setzt sich in seinem Aufruf sehr stark für Weiterbau der Zeppeline ein. Das ist nunmehr mehr eine Prestige- als eine Zweckmäßigkeitsfrage.[121]

Der Oberbefehlshaber der deutschen Luftwaffe, Hermann Göring, setzte unmittelbar nach dem Unfall eine Untersuchungskommission ein, doch die Unglücksursache blieb bis heute ungeklärt. Eine zunächst vermutete Sabotage wurde sehr schnell verworfen, gewagte Wendemanöver des Kommandanten vor der Landung oder auch ein Blitzeinschlag könnten für den Absturz verantwortlich sein. Hätte dem Zeppelin das unbrennbare Helium zur Verfügung gestanden – die USA hatten allerdings ein Ausfuhr-Embargo verhängt –, wäre das Unglück vermutlich nicht passiert. Das Fazit des Untersuchungsausschusses, dem auch Hugo Eckener und Ludwig Dürr angehörten, lautete:

> Während der Anfahrt zur Landung entstand in der Zelle 4 oder 5 im Heck des Schiffes vielleicht durch Reißen eines Spanndrahtes ein Leck, durch das Wasserstoffgas in den Raum zwischen Zelle und Hülle einströmte. Hierdurch bildete sich im oberen hinteren Teil des Schiffes ein brennbares Wasserstoff-Luftgemisch.
>
> Für die Entzündung dieses Gemisches sind 2 Fälle denkbar:
>
> a) Infolge elektrischer atmosphärischer Störungen war z. Zt. der Landung des Luftschiffes das Potentialgefälle in der Nähe des Bodens so hoch, daß es nach Erdung des ganzen Schiffes an der Stelle seiner stärksten Erhöhung, nämlich am Heck, zu Büschelentladungen und damit zur Zündung geführt hat.
>
> b) Nach Abwerfen der Landetaue wurde die Oberfläche der Außenhülle des Luftschiffes wegen der geringeren elektrischen Leitfähigkeit des Außenhüllenstoffes weniger gut geerdet als das Gerippe des Luftschiffes. Bei raschen Änderungen des atmosphärischen Feldes, wie sie bei einem Nachgewitter die Regel und auch im vorliegenden Fall anzunehmen sind, entstanden dann Potentialdifferenzen zwischen Stellen der Außenseite der Hülle und dem Gerippe. Falls diese Stellen hinreichend feucht waren, was gerade in der Gegend der Zellen 4 und 5 infolge der vorangegangenen Durchfahrt durch ein Regengebiet wahrscheinlich war, konnten diese Potentialdifferenzen einen Spannungsausgleich durch einen Funken herbeiführen, der möglicherweise die Zündung eines über den Zellen 4 oder 5 vorhandenen Wasserstoff-Luftgemisches verursachte.
>
> Von den beiden genannten Erklärungen erscheint die unter b) bezeichnete als die wahrscheinlichste.[122]

Für einen Augenblick schien die Luftschifffahrt still zu stehen, doch an ein Ende der Zeppelinfahrten hätte so schnell kein Zeitgenosse gedacht, auch nicht die Wiener „Neue Freie Presse“, die über die „Katastrophe in Lakehurst“ berichtete:

> Betrachtet man nüchtern die Konsequenzen, die sich aus der Katastrophe für die Luftschifffahrt überhaupt ergeben, so darf nicht geleugnet werden, daß ein momentaner Rückschlag eintreten wird. Denn das Vertrauen des Publikums, das durch hundertfünfzig glatte Ozeanüberquerungen groß war, hat eine Erschütterung erlitten, die sich aber in der ferneren Zukunft nicht fühlbar auswirken dürfte. Unter dem ersten Eindruck der Hiobsbotschaft mag die positive Leistung der Luftschiffe eine Zeitlang unterschätzt werden. Aber wenn der plötzliche Schrecken überwunden ist, so wird man die Möglichkeiten der Zeppeline wieder gerecht beurteilen. Und wie man bestimmt bald daran gehen wird, ein neues Luftschiff als Ersatz für das eben vernichtete zu bauen, so wird auch der Luftverkehr überhaupt sich in seiner Entwicklung durch seinen letzten Verlust nicht aufhalten lassen.[123]

Bis zu ihrem Ende hatte die „Hindenburg“ etwa 330.000 km erfolgreich zurückgelegt und dabei rund 3000 zahlende Passagiere befördert. Dennoch bedeutete dieses Unglück das Ende der deutschen Luftschifffahrt, zumal

LZ 130 (im Bild über München) war der letzte vor dem Zweiten Weltkrieg in Dienst gestellte große Zeppelin. Er wurde im Jahr 1938 nach Ferdinand Graf von Zeppelin auf „Graf Zeppelin II" getauft und im selben Jahr vorläufig zugelassen.

inzwischen die Flugzeugtechnik enorm vorangeschritten war. An einer Weiterentwicklung oder Weiterführung der Luftschifffahrt bestand bei den Nationalsozialisten kein Interesse, auch wenn Reichsluftfahrtminister Göring sofort nach dem Unfall die „beschleunigte Fertigstellung des neuen Luftschiffes" (LZ 130) angekündigt hatte:

> Ein harter Schicksalsschlag hat die deutsche Luftfahrt getroffen. Mit ihr gedenkt das ganze deutsche Volk in tiefer Trauer und Erschütterung der Opfer, die ihr Leben bei der Katastrophe unseres stolzen Luftschiffes „Hindenburg" lassen mußten. Sie waren wahrhafte Pioniere des Weltluftverkehrs und als solche leben sie für uns fort, die Besatzung, die pflichttreu bis zum Tode ihren Dienst erfüllt hat, und die Passagiere, die durch ihr Vertrauen zum deutsch-amerikanischen Übersee-Luftverkehr dies große Werk mitfördern halfen …
>
> Jetzt erst recht werden wir unter der Verwertung der letzten Erfahrungen alles darangeben, den Luftverkehr zwischen Deutschland und den Vereinigten Staaten für immer und ungefährdet in die Tat umsetzen. Dabei sind wir gewiß, daß auch die Vereinigten Staaten für die ungefährdete Vollendung des in Angriff genommenen Werkes uns unterstützen werden.
>
> Ich habe angeordnet, daß der Ausbau des in den Werfthallen zu Friedrichshafen vor der Fertigstellung stehenden Luftschiffes beschleunigt durchgeführt wird. Es soll so schnell wie möglich als Ersatz „LZ-Hindenburgs" Deutschlands stolze Flagge zeigen. In gemeinsamer Arbeit wollen wir Männer der deutschen Luftfahrt der Welt zeigen, daß trotz allem die Idee und der Unternehmungsgeist Zeppelins sich bewährt und daß der Luftschiffverkehr zwischen den Nationen ein heute aus der Welt nicht wegzudenkendes, die Völker verbindendes Friedenswerk ist.[124]

Und die „Graf Zeppelin", die sich während des Unglücks gerade auf dem Rückweg von Brasilien nach Friedrichshafen befand (den Passagieren hatte die Besatzung die Explosion der „Hindenburg" verschwiegen), sollte nur vorübergehend pausieren, wie eine Pressemitteilung informierte: „*Graf Zeppelin* stellt vorläufig seinen Dienst ein."[125] Doch aus dem „vorläufig" wurde ein dauerhafter Zustand: Am 18. Juni 1937 wurde LZ 127 von Friedrichshafen nach Frankfurt überführt und dort einen Monat später außer Dienst gestellt. Und entgegen der Verlautbarungen Görings wurde LZ 130 „Graf Zeppelin II" im September 1938 zwar in Dienst gestellt, aber nicht für Fernfahrten in die USA, sondern nur noch zu Versuchsfahrten eingesetzt und schließlich 1940 mit LZ 127 abgewrackt. Die Zeppeline waren ein Symbol der Kaiserzeit. Sie verkörperten eine alte, untergegangene Epoche, zu der auch Graf Zeppelin gehörte, ebenso das in Flammen aufgegangene Luftschiff „Hindenburg", das nach dem verstorbenen Reichspräsidenten benannt war, der 1847 geboren wurde und ein Zeitgenosse Zeppelins war. Hitler dagegen bevorzugte Flugzeuge, die für ihn die „neue Zeit" und damit das „Dritte Reich" darstellten und die er bereits 1932 zu Propagandazwecken genutzt hatte. Außerdem passten solch luxuriöse Reisefahrzeuge, deren Nutzung nur einer betuchten Schicht vorbehalten war, nicht zur Ideologie der Nationalsozialisten, die die „Volksgemeinschaft" propagierte.

Die sterblichen Überreste der Opfer wurden Mitte Mai 1937 nach Deutschland gebracht, wo am 21. Mai in Cuxhaven ein Staatsakt stattfand. Zahlreiche Städte hatten halbmast geflaggt. Das Wrack der „Hindenburg" wurde ebenfalls nach Deutschland transportiert und der Altmetallverwertung zugeführt. Seit 1939 erinnert auf dem Frankfurter Hauptfriedhof ein Denkmal an die Verstorbenen des Unglücks.

Der Gedenkstein für sieben Opfer des Unglücks von Lakehurst auf dem Hauptfriedhof Frankfurt/Main trägt auf der Vorderseite die Inschrift „6. Mai 1937" und, unter einem stilisierten Zeppelin, „LS Hindenburg".

Erstaunlich vor dem Hintergrund des Unglücks der LZ 129: 1938 zierte die Führergondel dieses Luftschiffs eine 50-Pfennig-Sonderbriefmarke der Reichspost anlässlich des 100. Geburtstags von Graf Zeppelin.

Zahlreiche Veröffentlichungen widmeten sich seither der „Hindenburg" und dem „Absturz von Lakehurst". Auch Dokumentationen, Romane und Verfilmungen (1975, 2011) bewahren die Erinnerung an das „Luxusschiff der Lüfte".

Auf Anordnung vom 1. März 1940 wurden die Zeppeline offiziell außer Dienst gestellt und ausnahmslos verschrottet. Aus dem Stadtbild verschwanden ebenso die Luftschiffhallen, die im Mai 1940 gesprengt wurden, da sie den britischen Bombern als Navigationshilfe dienen konnten. Bereits seit Juni 1937 wurde LZ 127 „Graf Zeppelin" als Museumsstück in Frankfurt der allgemeinen Besichtigung zugänglich gemacht. Zahlreiche Schulklassen aus dem gesamten Rhein-Main-Gebiet haben von dieser Möglichkeit Gebrauch gemacht. Und die Werfthalle in Friedrichshafen, die für Rüstungsbetriebe umgebaut worden war, wurde 1944 bei einem alliierten Luftangriff beschädigt und nach dem Krieg abgerissen.

12. Nachleben

Rund 640 Straßen in Deutschland, aber auch in Graz, Linz, Salzburg, Wien oder Zürich erinnern an Ferdinand Graf Zeppelin, wobei die Vielfalt der Bezeichnungen und Schreibweisen erstaunt: Neben den 534 Zeppelinstraßen[126] gibt es eine Graf-Zeppelin-Allee, zweimal einen Graf-Zeppelin-Platz, viermal einen Graf-Zeppelin-Ring und 41 Graf-Zeppelin-Straßen. In 29 Städten existiert ein Zeppelinweg, 12 Orte verfügen über einen Zeppelinring und acht Städte haben einen Zeppelinplatz. Außerdem gibt es eine Zeppelinallee, einen Zeppelindamm, eine Zeppelinpromenade, ein Zeppelinufer und eine Zeppelin-Straße. Ebenso einmalig ist die Bezeichnung für einen 335 m langen Weg im nordbrandenburgischen Städtchen Putlitz: Er heißt „An der Zeppelinscheune" und führt an einer großen, Anfang des 20. Jahrhunderts gebauten Scheune entlang, die in ihrer Form an eine Luftschiffhalle erinnert.

Zudem tragen Brücken in vier deutschen Städten und 14 Schulen, unter anderem in Berlin, Leinfelden-Echterdingen, Friedrichshafen, Konstanz, Lüdenscheid, Potsdam, Speyer und Stuttgart, Zeppelins Namen.

In Erinnerung an die Zeppelinfahrt vom 4. August 1908 wurde die auf dem Ebersberg bei Bad Dürkheim/Pfälzer Wald vorhandene Aussichtsplattform 1909 „Zeppelinturm" genannt. (2016)

Eine Scheune im Stil einer Luftschiffhalle im brandenburgischen Putlitz liegt an der Straße „An der Zeppelinscheune".

Gut erhalten hat sich die Inschrift „Zeppelin-Schule" an der Fassade des 1912 eingeweihten Gebäudes an der Neufferstraße, Ecke Zeppelinstraße, in Speyer.

Gedenktafel zum 100-jährigen Bestehen des Zeppelin-Gymnasiums in Stuttgart, Neckarstraße 149

Rund 350 Kinder gehen in die Zeppelin-Grundschule in Speyer.

Im neo-klassizistischen Stil 1912 als Reformrealgymnasium eröffnet, besuchen heute rund 500 Schüler das Zeppelin-Gymnasium in Stuttga

Im Limburger Stadtteil Blumenrod befindet sich in der Zeppelinstraße die Zeppelin-Apotheke. (ganz links)

Visitenkarte der Zeppelin-Apotheke in Limburg-Blumenrod (Ausschnitt, unten)

Neben einer Apotheke gleichen Namens erinnert auch in Ravensburg ein Reformhaus an Graf Zeppelin.

Während in Speyer bereits 1912, also zu Lebzeiten des Namensgebers, mit einem Neubau die bisherige Knabenschule, und zwar in Erinnerung an die erste Zeppelinfahrt über der Domstadt (4. August 1908), die Bezeichnung Zeppelinschule erhielt,[127] wurde die Höhere Knabenschule Lüdenscheid nach ihrer Erweiterung zur Oberrealschule 1930 in „Zeppelin-Realgymnasium und Oberrealschule“ umbenannt:

> In dieser Bezeichnung wird die Erinnerung daran festgehalten, daß in Lüdenscheid seiner Zeit das Gerippe des ersten Zeppelin-Luftschiffes entstanden ist. Ausschlaggebend für die Wahl dieses Namens war aber nicht allein, den Schülern und den Bürgern der Stadt im Bewusstsein zu halten, daß die Aluminiumteile des ersten Luftschiffes aus Lüdenscheid stammten … Der neue Name sollte die Angehörigen der Schule verpflichten, „den fortschrittlichen Geist, die Tatkraft und die Frömmigkeit des Grafen Zeppelin zum Vorbild zu nehmen und seiner hiesigen Förderer zu gedenken“.[128]

Bundesweit existieren sogar 22 Zeppelin-Apotheken, vor allem in Oberschwaben.

Zahlreiche Publikationen, Dokumentationen und Verfilmungen halten die Erinnerung an die große Zeit der Luftschiffe und an Leben und Werk Zeppelins genau so wach wie die anschaulich konzipierten Museen in Meersburg, Zeppelinheim und vor allem in Friedrichshafen. Dort bietet das 1996 im ehemaligen Hafenbahnhof neu eröffnete Zeppelin-Museum nicht nur die weltgrößte Sammlung zur Geschichte und Technik der Luftschifffahrt, sondern auch einen anschaulichen Einblick in die „Wunderkammer“, die erstaunliche Devotionalien wie Sparbehälter und Zigarettenetuis in Zeppelinform oder Spielzeugmodelle, Medaillen und Porzellanteller etc. ausstellt. Ein Höhepunkt des Museums, das alljährlich von rund 250.000 Menschen aller Altersgruppen besucht wird, ist die begehbare originalgetreue Rekonstruktion eines Teils des Luftschiffes „Hindenburg“.

Zeppelin-Museum Friedrichshafen, 1925

Am 24. April 1985, 75 Jahre nach der Notlandung von LZ 5, wurde ein Gedenkstein bei Blumenrod gesetzt.

Zeppelin-Gedenktafel an das Unglück von LZ 5 (taktische Nummerierung Z II) in Weilburg/Lahn (rechts)

Die Stadt Friedrichshafen weiß bereits seit Jahrzehnten den Namen Zeppelin zu vermarkten, als „Zeppelinstadt" ist sie bei in- und ausländischen Gästen ein Touristenmagnet bis auf den heutigen Tag. Schon in den Jahren vor dem Zweiten Weltkrieg zog es viele Technikbegeisterte an den Bodensee. Ein Faltblatt aus dem Jahre 1934 warb in Wort und Bild für die „Besichtigung der Luftschiffhallen mit dem weltberühmten Luftschiff *Graf Zeppelin*" und das „sehenswerte Zeppelin-Museum":

> Friedrichshafen a. B. verdankt seinen wohlbekannten, weltberühmten Namen zwei besonders glücklichen Umständen; seiner reizvollen Lage am nördlichen langgestreckten Ufer des Bodensees ... Aber noch ein anderer Grund ist es, weshalb die Stadt so häufig besucht wird: Der Name Zeppelin! Wer hat nicht schon den stillen Wunsch gehegt, einmal selbst an die Geburtsstätte der Luftschiffe zu kommen, um das stolze, mächtige Silberschiff aus nächster Nähe und in allen seinen Einzelheiten besichtigen zu können, einer Abfahrt desselben nach fremden Erdteilen beizuwohnen, bei einer Landung Zeuge zu sein oder gar selbst eine Fahrt über Deutschlands Gaue mitzumachen?

Gelegentlich kann man noch heute einen Zeppelin am Himmel über Friedrichshafen entdecken. Dann handelt es sich um einen erstmals im September 1997 von der wiederbelebten Deutschen Zeppelin-Reederei GmbH (DZR) in Betrieb genommenen „Zeppelin NT" (Neue Technologie), der mit 75 m Länge wesentlich kleiner ist als sein Vorbild, aber noch immer die

Das Zeppelin-Museum in Friedrichhafen zählt zu den bestbesuchten Museen Deutschlands. Auch der Spielplatz im Zentrum von Friedrichshafen, in Nähe des Museums, enthält ein „Kinder-Zeppelin“.

Eintrittskarten im Wandel der Zeit: 2016 kostet der Eintritt ins Zeppelin-Museum Friedrichshafen für einen Erwachsenen 8 Euro. (VS und RS)

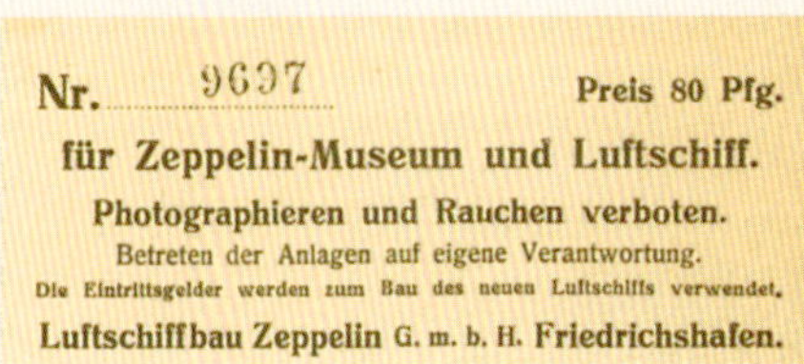

Nr. 9697 **Preis 80 Pfg.**

für Zeppelin-Museum und Luftschiff.

Photographieren und Rauchen verboten.

Betreten der Anlagen auf eigene Verantwortung.

Die Eintrittsgelder werden zum Bau des neuen Luftschiffs verwendet.

Luftschiffbau Zeppelin G. m. b. H. Friedrichshafen.

Eintrittskarte aus dem Jahre 1935 für das (alte) Zeppelin-Museum, Eintritt: 80 Pfennig

Aufmerksamkeit auf sich zieht. Gegenüber Flugzeugen haben die neuzeitlichen Zeppeline den großen Vorteil, dass sie lange in der Luft stehen bleiben und aus geringer Höhe problemlos Wasser- oder Bodenproben nehmen können. Eingesetzt werden diese hochmodernen halbstarren Luftschiffe, die wie ein Hubschrauber funktionieren, vor allem für Rund-, Forschungs- und Werbefahrten. Sie bieten Platz für 12 Passagiere, einen Piloten und einen Flugbegleiter und eignen sich ideal für Rundflüge über den Bodensee. Unter dem Motto „unkonventionell, voller Freiheitsdrang und Abenteuer-

(Beide Bilder: Hansueli Krapf, CC-BY-SA 3.0)

Parallelflug von D-LZFN und D-LZZF aus der Baureihe Zeppelin NT am 19. Oktober 2013 über der schweizerischen Gemeinde Dörflingen

Die Instrumententafel eines Cockpits eines Zeppelins der Baureihe NT

Der vierte Zeppelin aus der Baureihe NT bei seiner Ankunft auf dem Moffet-Flugfeld, einem zivilen Flugplatz zwischen den kalifornischen Städten Mountain View und Sunnyvale, der von der Google Inc. betrieben wird (2008).

lust“ bietet die DZR in Kooperation mit dem Standesamt Friedrichshafen sogar die Möglichkeit, in einem Zeppelin zu heiraten!

Mit diesem Konzept ist das Unternehmen wesentlich erfolgreicher als die 1996 gegründete Cargolifter AG, die die Entwicklung des Lastenluftschiffes CL 160 begonnen hatte. Mit diesem Schwerlasttransporter, der mit geplanten 260 m Länge die Ausmaße der „Hindenburg“ übertroffen hätte, sollten Lasten bis zu 160 t über große Entfernungen transportiert werden. Doch die Insolvenz des Unternehmens verhinderte die Realisierung dieses

Ein im Jahr 2000 aufgestelltes lebensgroßes Standbild vor dem „Graf-Zeppelin-Haus“ in Friedrichshafen stellt Ferdinand von Zeppelin dar.

Eine 13 m hohe Bronzesäule erinnert seit 1985 in Friedrichshafen an Zeppelin und die Bedeutung der Luftschiffe für die Bodenseeregion.

Mit einem Faltblatt warb die Stadt Friedrichshafen bereits 1934 als „Zeppelinstadt“.

Schon 1909 wurde ein Brunnen zu Ehren Zeppelins in Friedrichshafen aufgestellt, der 1956 abgebrochen und im Jahre 2000 wiedererrichtet wurde.

ehrgeizigen Projektes, von dem immerhin die 360 m lange Werfthalle in Halbe im brandenburgischen Landkreis Dahme-Spreewald übrig geblieben ist. Diese Halle ist das größte freitragende Gebäude der Welt und beherbergt seit 2004 einen tropischen Freizeitpark.[129]

In Friedrichshafen befindet sich auch der Sitz des 1950 gegründeten Zeppelin-Konzerns, dessen Wurzeln aber auf die Luftschiffbau Zeppelin GmbH des Jahres 1908 zurückgehen. Das international agierende Unternehmen ist führend im Vertrieb und der Vermietung von Baumaschinen und im Anlagenbau, es ist mit 190 Standorten in 30 Ländern präsent und beschäftigt weltweit rund 7700 Mitarbeiter. Außerdem erinnern in der Bodenseestadt ein Gymnasium und eine private Universität mit ihrem Namen an den Pionier der Luftfahrtgeschichte. In Nähe des „Graf-Zeppelin-Hauses", eines Kultur- und Kongresszentrums am Ufer der Stadt, befindet sich das im Jahr 2000 errichtete fast lebensgroße Standbild des Grafen, das Zeppelin-Denkmal, eine 13 m hohe Bronzesäule mit einem Ausspruch des Geehrten („Man muss nur wollen und daran glauben, dann wird es gelingen.") aus dem Jahr 1985, sowie der erstmals 1909 eingeweihte und dann im Jahr 2000 rekonstruierte Zeppelinbrunnen. Ein weiteres, 1920 aufgestelltes Zeppelin-Denkmal steht am Gondelhafen in Konstanz („Graf Zeppelin dem Sohne der Stadt Konstanz zum Gedächtnis"), dort auch erinnert die „Zeppelin Bar" und der „Zeppelin Salon" im Steigenberger Inselhotel an den berühmten Sohn der Stadt. Außerdem tragen mehrere Hotels und Gaststätten am Bodensee den Namen Zeppelin.

Auch in anderen Gegenden Deutschlands erinnern Schulen, Straßen, Plätze und Restaurants an Graf Zeppelin. Zudem trägt das auf dem Fliegerhorst Nordholz beheimatete Marinefliegergeschwader 3 seit 1967 den Namen „Graf Zeppelin" und das Kommando Spezialkräfte (KSK), eine militärische Spezialeinheit der Bundeswehr, ist in der Graf-Zeppelin-Kaserne in Calw/Schwarzwald stationiert. Sogar eine Autobahnabfahrt und ein S-Bahn-Halt führen zu einer besonderen, einmaligen Würdigung seiner Verdienste: Im Süden des Frankfurter Flughafens gibt es eine kleine Gemeinde, heute ein Stadtteil von Neu-Isenburg, die ab 1937 errichtet wurde: Zeppelinheim. Die Wohnungen dieser Siedlung dienten nach Friedrichshafener Vorbild den Besatzungs-Angehörigen und Mitarbeitern der Deutschen Zeppelin-Reederei, die beim 1936 eröffneten Rhein-Main-Flughafen beschäftigt waren. Und in Nürnberg heißt ein Teil des ehemaligen Reichsparteitagsgeländes noch heute Zeppelinfeld und Zeppelintribüne. Das riesige Areal erhielt seinen Namen bereits im Spätsommer 1909, nach der Landung Graf Zeppelins mit seinem Luftschiff LZ 6. Mitte der 1930er Jahre wurde das Zeppelinfeld durch den NS-Architekten Albert Speer zu einem Aufmarschgelände für 250.000 Menschen umgestaltet, die Zeppelintribüne mit einer Länge von 360 m lehnte sich stilistisch an den antiken Pergamonaltar an und diente den Ehrengästen Hitlers als Zuschauertribüne bei Paraden.

Etliche Gaststätten wie hier in Konstanz tragen Zeppelins Namen.

Seit 1920 erinnert auch im Gondelhafen von Konstanz ein Denkmal an den berühmten Sohn der Stadt.

Zufrieden blickt Graf Zeppelin (hier in Generalsuniform 1908) über seine Zeit hinaus; noch heute ist sein Name allgegenwärtig. Gemälde von Erwin Emmerich (1876–1960), der als der „Zeppelinmaler" galt.

Zudem bieten ein Uhrenhersteller und eine Modemarke unter dem Namen Zeppelin ihre Produkte an. Auch in anderen Ländern begegnet man dem seltenen, aber allseits bekannten Namen. 1968 gründete sich in England eine Rockband unter dem Namen „Led Zeppelin“, in Litauen nennen sich die mit Hackfleisch gefüllten Kartoffelklöße wegen ihrer länglichen Form „Cepelinai“ und in Wien wird zeppelinförmiges Weißbrot als „Zeppelin“ verkauft.

Die Luftschiffe und ihr Namenspatron leben als Mythos weiter und künden vom Glanz einer längst vergangenen Epoche – auch 100 Jahre nach Graf Zeppelins irdischem Ende. Mit Ideenreichtum, Beharrlichkeit und Wagemut hat der „schwäbische Tüftler“ neue Horizonte aufgetan und zum Wohl der Gesellschaft beigetragen. Er gilt zu Recht als herausragender Vertreter der „Dichter und Denker“, die Deutschlands weltweites Ansehen als führendes Land der Technik und Wissenschaft mitbegründet haben. Möge auch künftig der alte Gruß der Luftschiffer erschallen: „Glück ab!“

Zeppelindenkmal in der Zeppelinstraße in Ravensburg: „Es schirm und segne Gottes Hand dies Haus, die Stadt, das Vaterland. Anno 1908. Zu Ehren des in diesem Jahr die höchsten Triumphe der Luftschiffahrt feiernden Grafen Ferd. v. Zeppelin trägt diese Strasse dessen ruhmvollen Namen … “

13. Anhang

Literatur

Andrup, Norbert: Meilensteine der Luftfahrt, Stuttgart 2014

Archbold, Rick/Ken Marschall: Luftschiff Hindenburg und die große Zeit der Zeppeline, München 2005

Baer, Casimir Hermann (Hg.): Der Völkerkrieg. Eine Chronik der Ereignisse seit dem 1. Juli 1914, Bd. 20, Stuttgart 1918

Bélafi, Michael: Friedrich Graf von Zeppelin. Biographien hervorragender Naturwissenschaftler, Techniker und Mediziner, Bd. 86, Wiesbaden 1990

Ders.: Der Zeppelin, Stuttgart 2012

Eckener, Hugo: Im Zeppelin über Länder und Meere, hg. von Uwe Eckener, München 2012

Engelsing, Tobias: Graf Zeppelin, in: Zeit-Spezial Nr. 8, Februar 2014, Hamburg 2014

Engelsing, Tobias/Jürgen Bleiber: Die Zeppelins. Lebensgeschichte einer Adelsfamilie, Konstanz 2013

Fröhlich, Elke (Hg.): Die Tagebücher von Joseph Goebbels, Teil I Aufzeichnungen 1923–1941, Bd. 4 (März–Nov. 1937), München 2000

Gehl, Walther (Hg.): Geschichte für höhere Schulen, Unterstufe, Breslau [3]1933

Geisenheyner, Max: Mit „Graf Zeppelin" um die Welt, Frankfurt 1929

Hallmann, Willi: Ballone und Luftschiffe im Wandel der Zeit, Königswinter 2002

Hause, Rüdiger: Grenzflüge. Politische Symbolik der Luftfahrt vor dem Ersten Weltkrieg. Das Beispiel Aachen, Köln–Weimar–Wien 2007

Hesse, Hermann: Spazierfahrt in der Luft, in: Volker Michels (Hg.): Hermann Hesse: Luftreisen, Frankfurt/M. 1994

Heßler, Martina: Oh the humanity. Herbert Morrisons Radioreportage vom Absturz der „Hindenburg" in Lakehurst, in: Paul, Gerhard /Ralph Schock (Hg.): Sound der Zeit. Geräusche, Töne, Stimmen – 1889 bis heute, Göttingen 2014

Hildebrandt, Hans (Hg.): Zeppelin-Denkmal für das deutsche Volk, Stuttgart 1925

Koch, Jörg: Bismarckdenkmäler und Bismarckgedenken am Oberrhein, Ubstadt-Weiher 2015

Langsdorff, Werner von (Hg.): Flieger und was sie erlebten, Gütersloh 1935

Ders.: LZ 129 „Hindenburg". Das Luftschiff des deutschen Volkes, Frankfurt/M. 1936

Lehmann, Ernst August: Zeppelinkriegsfahrten nach England, hg. von Leonhard Adelt, Gütersloh o. J.

Marine-Archiv (Hg.): Der Krieg zur See 1914–1918, 5. Bd.: Der Krieg in der Nordsee, Berlin 1925

Meighörner, Wolfgang (Hg.): Giganten der Lüfte. Geschichte und Technik der Zeppeline in ausgewählten Berichten und zahlreichen Fotos, Luxemburg [2]1997

Meyer, Alfred G./Louis Nagel (Hg.): Deutsches Lesebuch für Realschulen und verwandte Lehranstalten, Unterstufe, Leipzig ^{2}1897

Michels, Volker (Hg.): Hermann Hesse: Luftreisen, Frankfurt/M. 1994

Knäusel, Hans G.: Die große Verheißung. LZ 1 der erste Zeppelin, Bonn 2000

Nielsen, Thor: Eckener. Ein Leben für den Zeppelin, Bad Wörishofen 1954

Semmler, Hartmut/Jürgen Oellers (Hg.): Der Graf und die Stiftung. Der Friedrichshafener Zeppelin-Pfad, Lindenberg 2008

Stegemann, Hermann: Erinnerungen aus meinem Leben und meiner Zeit, Stuttgart/Berlin/Leipzig 1930

Ströhle, Albert (Hg.): Der Vertrag von Versailles und seine Wirkungen für unser deutsches Vaterland, Stuttgart 1921

Treusch von Butlar-Brandenfels, Horst: Zeppeline gegen England, Leipzig 1931

Vierhaus, Rudolf (Hg.): Am Hof der Hohenzollern. Aus dem Tagebuch der Baronin Spitzemberg 1865–1914, München 1965

Vömel, Alexander: Graf Ferdinand von Zeppelin – ein Mann der Tat, Konstanz 1908

Wagner, Richard /Manfred Wilske: Flugzeugträger Graf Zeppelin, Villingen-Schwenningen 2007

Waibel, Barbara: LZ 129 Hindenburg. Luxusliner der Lüfte, Erfurt 2010

Winchester, Jim: Chronik der Luftfahrt, Königswinter 2009

Zeppelin-Gymnasium Lüdenscheid (Hg.): 500 Jahre Höhere Schule in Lüdenscheid. Festschrift des Zeppelin-Gymnasiums, Lüdenscheid 1959

Zuckmayer, Carl: Als wär's ein Stück von mir, Frankfurt/M. 1989

Abbildungsnachweis (Innenteil)

Sammlung George Grantham Bain / Library of Congress: 30 | Bernd Braun: 131, 178, 180 (alle), 187, 188, 191 | Bundesarchiv: Bild 146-1990-024-02 / CC-BY-SA 3.0: 32; Bild 146-2005-0008 / CC-BY-SA 3.0: 44 unten; Bild 146-1971-017-32 / CC-BY-SA 3.0-DE: 101 lks.; RM 25 Bild-60 / CC-BY-SA 3.0-DE: 133; RM 25 Bild-27 / CC-BY-SA 3.0-DE: 134; Bild 147-0640 / CC-BY-SA 3.0-DE: 164 oben | Dutch National Archives, wikimedia commons, CC-BY-SA 3.0-NL: 69 | Hansueli Krapf, Wikimedia commons, CC-BY-SA 3.0: 185 oben (2) | Hildebrandt, Hans: „Zeppelin-Denkmal für das deutsche Volk“, Stuttgart 1925: 9, 12, 13, 16–22, 25, 26, 28, 31, 32, 39, 42, 61 unten (2), 65 (Mitte, unten), 66 a, 66 c, 71, 75–79, 82, 86, 89, 90 oben, 95, 98, 113, 114, 116–119, 121, 123 (beide), 136–139, 146, 182, 190 | „Menschen der Zeit“, Königstein i.T./Leipzig 1930: 29, 56 | Thorsten Neufeldt: 97 unten, 124, 125, 126 unten, 181, 183, 184 (alle) | Personaldisponent, wikimedia commons, CC-BY-SA-3.0, CC-BY-SA 2.5: 50 | Pherm, Wikimedia commons, CC-BY-SA-3.0: 51 | Sammlung Jörg Koch: 11, 14, 15, 27, 34, 37, 44 oben, 45, 47, 50, 61 oben, 62, 63, 65 oben, 66 b + d, 67, 74, 84, 87, 91, 92, 93 (alle), 96, 100, 101 rechts, 128 unten, 130, 132 (alle), 136 rechts, 142, 147, 148 (alle), 152 (alle), 153, 154 unten, 155 oben, 156 (alle), 158, 159, 160 unten, 161, 162, 163, 174, 179, 186 (alle) | Sammlung Ursel Orth-Giesen: 43, 49, 57, 72 oben, 97 oben, 104 unten, 129, 160 oben | Sammlung Amalie Wittmann: 58, 64, 68, 103, 112 unten, 135 | Stadtarchiv Worms: 40, 41, 90 unten, 128 oben, 132 oben, 145 | Stadtbibliothek Worms: 109, 126 oben, 149, 150, 155 unten | Stefan-Xp, wikimedia commons, CC-BY-SA 3.0: 189 | Wuselig, wikimedia commons, CC-BY-SA 4.0: 85 | Zoeppritz GmbH, www.zoeppritz.com, Heidenheim a.d. Brenz, wikimedia commons, CC-BY-SA-4.0,3.0,2.5,2.0,1.0: 83
Alle anderen Bilder: Archiv des Verlages

Anmerkungen

1 Zit. nach: Der Völkerkrieg. Eine Chronik der Ereignisse seit dem 1. Juli 1914, hg. von C. H. Baer, Bd. 25, Stuttgart 1918, S. 81.
2 Zit. nach Berliner Börsen-Zeitung, 9. März 1917.
3 Zit. nach Zeppelin-Denkmal für das deutsche Volk, hg. von Hans Hildebrandt, Stuttgart 1925, S. 33 und 38.
4 Zit. nach ebd., S. 69.
5 Zit. nach ebd., S. 72 f.
6 Deutsches Lesebuch für Realschulen und verwandte Lehranstalten, Unterstufe, hg. von Alfred G. Meyer/Louis Nagel, Leipzig ^{2}1897, S. 191ff.
7 Zit. nach ebd., S. 33.
8 Zit. nach Hans G. Knäusel: Die große Verheißung. LZ 1 der erste Zeppelin, Bonn 2000, S. 33.
9 Zit. nach Tobias Engelsing/Jürgen Bleiber: Die Zeppelins. Lebensgeschichte einer Adelsfamilie, Konstanz 2013, S. 110.
10 Zit. nach ebd., S. 33.
11 Zit. nach ebd., S. 101.
12 S. Zeppelin-Denkmal, S. 164 f.
13 Michael Bélafi: Der Zeppelin, Stuttgart 2012, S. 87 f.
14 Zur Geschichte s.: Norbert Andrup: Meilensteine der Luftfahrt, Stuttgart 2014; Jim Winchester: Chronik der Luftfahrt, Königswinter 2009.
15 Zit. nach Wormser Zeitung, 4. August 1908.
16 Ebd.
17 Ebd.
18 Ebd.
19 Zit. nach ebd., 5. August 1908.
20 Zit. nach ebd., 4. August 1908.
21 Zit. nach ebd., 5. August 1908
22 Ebd.
23 Carl Zuckmayer: Als wär's ein Stück von mir, Frankfurt 1989, S. 150 f.
24 Zit. nach Wormser Zeitung, 5. August 1908.
25 Ebd.
26 Ebd.
27 Neues Wiener Tagblatt, 13. Juli 1931.
28 Wormser Zeitung, 5. August 1908.
29 Ebd.
30 Bad Cannstatt wurde früher auch Cannstadt oder Canstatt genannt.
31 Ebd.
32 Zit. nach ebd., 6. August 1908.
33 Ebd.
34 Ebd.
35 Ebd.
36 Zit. nach ebd., 7. August 1908.
37 Hermann Stegemann: Erinnerungen aus meinem Leben und meiner Zeit, Stuttgart/Berlin/Leipzig 1930, S. 184.
38 Ferdinand von Zeppelin: in Werner von Langsdorff (Hg.): Flieger und was sie erlebten, Gütersloh 1935, S. 30 f.
39 Zit. nach Wormser Zeitung, 8. August 1908.
40 Ebd.
41 Ebd.
42 Ebd.
43 Ebd., 10. August 1908.
44 Ebd., 8. August 1908.
45 Ebd.
46 Zit. nach ebd., 8. August 1908.
47 Ebd.
48 Zit. nach Zeppelin-Denkmal, S. XII.
49 Hermann Hesse: Spazierfahrt in der Luft, Erstdruck in Neues Wiener Tagblatt, 30. Juli 1911, zit. nach Volker Michels (Hg.): Hermann Hesse: Luftreisen, Frankfurt/M. 1994, S. 14–19.
50 Berliner Börsen-Zeitung, 28. August 1909.
51 Ebd., 30. August 1909.
52 Bélafi, S. 107.
53 Berliner Börsen-Zeitung (Beilage), 31. August 1909.
54 Berliner Börsen-Zeitung, 1. September 1909.
55 Ebd. (Beilage).
56 S. Zeppelin-Denkmal, S. 201

57 Zitate Zeppelin-Denkmal, S. 207 f.
58 Die Fahne für die österreichische Reichshälfte der österreichisch-ungarischen Monarchie hat die Farben Schwarz-Gelb.
59 Berliner Börsen-Zeitung, 10. Juni 1913.
60 Ebd.
61 Berliner Börsen-Zeitung, 9./10. Juni 1913.
62 Ebd.
63 Neues Wiener Tagblatt, 13. Juli 1931.
64 Berliner Börsen-Zeitung, 29. August 1909.
65 Zit. nach Michael Bélafi: Friedrich Graf von Zeppelin. Biographien hervorragender Naturwissenschaftler, Techniker und Mediziner, Bd. 86, Wiesbaden 1990, S. 96.
66 Alexander Vömel: Graf Ferdinand von Zeppelin – ein Mann der Tat, Konstanz 1908.
67 S. Zeppelin-Denkmal, S. 248–259.
68 Zit. nach Rudolf Vierhaus (Hg.): Am Hof der Hohenzollern. Aus dem Tagebuch der Baronin Spitzemberg 1865–1914, München 1965 (Erstveröffentlichung 1960), S. 184 (1. Juni 1898).
69 Ebd., S. 238 (11. November 1908).
70 Ebd., S. 246 f. (29. August 1909).
71 Wormser Zeitung, 8. Juli 1913.
72 Jörg Koch: Bismarckdenkmäler und Bismarckgedenken am Oberrhein, Ubstadt-Weiher 2015, S. 39 ff.
73 S. Zeppelin-Denkmal, S. 226.
74 Hartmut Semmler/Jürgen Oellers (Hg.): Der Graf und die Stiftung. Der Friedrichshafener Zeppelin-Pfad, Lindenberg 2008.
75 Wormser Zeitung, 5. August 1908.
76 Zit. nach Alfred v. Tirpitz: Erinnerungen, Leipzig 1920, S. 119 f.
77 Ebd., S. 120 f.
78 Ab 1915 erhalten auch die Heeresluftschiffe arabische Zahlen, da die Fortführung mit römischen Ziffern zu umständlich geworden wäre.
79 Zit. nach Tobias Engelsing: Graf Zeppelin, in: Zeit-Spezial Nr. 8, Februar 2014, Hamburg 2014, S. 20.
80 Horst Treusch von Butlar-Brandenfels: Zeppeline gegen England, Leipzig 1931.
81 Ernst August Lehmann: Zeppelinfahrten nach England, Gütersloh, o. J., S. 7–10.
82 Zit. nach Hans G. Knäusel: „Still staunend steht der Spötter dreiste Schar", in Süddeutsche Zeitung, 2./3. Juli 1988.
83 Lehmann, S. 24.
84 Zit. nach: Der Völkerkrieg. Bd. 20, Stuttgart 1918, S. 93.
85 S. Zeppelin-Denkmal, S. 161.
86 Zit. nach: Der Krieg zur See 1914–1918, hg. vom Marine-Archiv, 5. Bd. (Der Krieg in der Nordsee), Berlin 1925, S. 20 f.
87 Dort verstarb 1967 auch Hella von Zeppelin; ihren Mann Alexander hatte sie 18 Jahre überlebt.
88 Telegramm von Ernst Uhland an den Oberbürgermeister der Stadt Worms vom 8. März 1917, Stadtarchiv Worms, Abt. 5, Nr. 2127.
89 Berliner Börsen-Zeitung, 9. März 1917.
90 Zit. nach Knäusel, S. 13.
91 Zit. nach Karlsruher Tagblatt, 9. März 1917.
92 Zitate nach Wormser Zeitung, 9. März 1917.
93 Berliner Börsen-Zeitung, 12. März 1917.
94 Wormer Zeitung, 12. März 1917.
95 Zit. nach Walther Gehl (Hg.): Geschichte für höhere Schulen, Unterstufe, Breslau [3]1933, S. 88 f.
96 Zeppelin-Weltfahrten, o. Hg., Dresden 1933, S. 9 (Vorwort).
97 Richard Wagner/Manfred Wilske: Flugzeugträger Graf Zeppelin, Villingen-Schwenningen 2007.
98 Zit. nach Albert Ströhle (Hg.): Der Vertrag von Versailles und seine Wir-

kungen für unser deutsches Vaterland, Stuttgart 1921, S. 30.

99 Berliner Börsen-Zeitung, 16. Oktober 1924.

100 Zitate nach ebd.

101 Zit. nach Wormser Volkszeitung, 13. Oktober 1924.

102 Ebd., 16. und 17. Oktober 1924.

103 Berliner Börsen-Zeitung, 16. Oktober 1924.

104 Berliner Börsen-Zeitung, 17. Oktober 1924.

105 Berliner Börsen-Zeitung, 18. Oktober 1924.

106 S. Thor Nielsen: Eckener. Ein Leben für den Zeppelin, Bad Wörishofen 1954, S. 399.

107 Stadtarchiv Worms, Abt. 243, Nr. 314.

108 Zit. nach Michels, S. 65 f.

109 Siehe auch Max Geisenheyner: Mit „Graf Zeppelin" um die Welt, Frankfurt/Main 1929.

110 Zit. nach Knäusel, S. 102.

111 Der im Januar 1920 in Kraft getretene Versailler Vertrag sah eine Besatzung des linksrheinischen Deutschland durch die Franzosen für 15 Jahre vor; doch bereits 1930, also fünf Jahre früher als ursprünglich vereinbart, zog die Besatzungsarmee ab.

112 Zit. nach Michels, S. 66 f.

113 Vossische Zeitung (Berlin), 2. Mai 1933.

114 Im Winter 1936/37 fand eine Erweiterung statt, sodass nun 36 Passagierkabinen (72 Betten) und 60 (anstatt bislang 54) Schlafplätze für die Mannschaft zur Verfügung standen.

115 Werner von Langsdorff: LZ 129 „Hindenburg". Das Luftschiff des deutschen Volkes, Frankfurt/M. 1936. S. auch Rick Archbold/Ken Marschall: Luftschiff Hindenburg und die große Zeit der Zeppeline, München 2005.

116 Barbara Waibel: LZ 129 Hindenburg. Luxusliner der Lüfte, Erfurt 2010, S. 103.

117 Martina Heßler: Oh the humanity. Herbert Morrisons Radioreportage vom Absturz der *Hindenburg* in Lakehurst, in: Gerhard Paul/Ralph Schock (Hg.): Sound der Zeit. Geräusche, Töne, Stimmen – 1889 bis heute, Göttingen 2014, S. 203–206.

118 Badische Presse (Karlsruhe), 7. Mai 1937.

119 Ebd., 8. Mai 1937.

120 Die Tagebücher von Joseph Goebbels, hg. von Elke Fröhlich. Teil I Aufzeichnungen 1923–1941, Bd. 4 (März–Nov. 1937), München 2000, S. 128 f.

121 Ebd., S. 130.

122 Zit. nach Wolfgang Meighörner (Hg.): Giganten der Lüfte. Geschichte und Technik der Zeppeline in ausgewählten Berichten und zahlreichen Fotos, Luxemburg ^{2}1997, S. 154.

123 Neue Freie Presse (Wien), 8. Mai 1937.

124 Zit. nach Wormser Zeitung, 8. Mai 1937.

125 Zit. nach Neue Freie Presse (Wien), 10. Mai 1937.

126 Vgl. im Internet www.strassen-in-deutschland.de [zuletzt eingesehen am 25. April 2016]

127 Speyerer Zeitung, 1. Oktober 1912.

128 Zit. nach 500 Jahre Höhere Schule in Lüdenscheid, Festschrift des Zeppelin-Gymnasiums, Lüdenscheid 1959, S. 97f.

129 S. Willi Hallmann: Ballone und Luftschiffe im Wandel der Zeit, Königswinter 2002, S. 116–125.

Namenregister